合伙人制度

颠覆传统企业模式的公司治理实战全案

罗中赫 著

中国纺织出版社有限公司

内容提要

本书为读者全面了解合伙人制度提供了一个很好的观察视角，不仅全面阐述了合伙人制度的经济、管理、法律基础，更从实战的角度深入分析了合伙人制度如何落地实施，探讨了合伙人制度落地实施的可行性方案。全书共十章，分别介绍合伙人制度在我国的发展历程，实施合伙人制度的必要性，合伙人思维，选择合伙人的标准，合伙人制度的原则与制度制定，合伙人之间的相处之道，合伙人制度的股权设计与股权激励，合伙创业的常见问题及我国企业实施合伙人制度的案例。全书体系由简入深，层层推进，形成了一整套完整的合伙人制度方法论，实操性、可读性强，值得每一位读者认真学习。

图书在版编目（CIP）数据

合伙人制度：颠覆传统企业模式的公司治理实战全案 / 罗中赫著. -- 北京：中国纺织出版社有限公司，2021.3

ISBN 978-7-5180-8441-8

Ⅰ.①合… Ⅱ.①罗… Ⅲ.①合伙企业—企业制度—研究 Ⅳ.①F276.2

中国版本图书馆 CIP 数据核字（2021）第 050410 号

策划编辑：史 岩　　责任编辑：曹炳镝
责任校对：王蕙莹　　责任印制：储志伟

中国纺织出版社有限公司出版发行
地址：北京市朝阳区百子湾东里 A407 号楼　邮政编码：100124
销售电话：010—67004422　传真：010—87155801
http://www.c-textilep.com
中国纺织出版社天猫旗舰店
官方微博 http://weibo.com/2119887771
三河市延风印装有限公司印刷　各地新华书店经销
2021 年 3 月第 1 版第 1 次印刷
开本：880×1230　1/32　印张：7.5
字数：210 千字　定价：58.00 元

凡购本书，如有缺页、倒页、脱页，由本社图书营销中心调换

前 言

阿里巴巴、京东、腾讯、华为、海尔等知名企业都在进行深入的合伙人制改革，再往小了说，连乡镇企业都懂得合伙的力量，都在靠合伙成就一番事业。无论是为了生存还是谋求更好的发展，企业经营制度的革新势在必行，这场革新冲击着企业线上线下的运营，而大家在这场革新中纷纷选择了合伙人制。

事实上，合伙人制并不单纯是互联网时代的产物，而是由来已久。那些智慧的人，因为深知自己的力量薄弱而选择以一种共同出资、共同经营的形式来创立和经营企业，无论这种方式有没有被人们命名为合伙制，它都是合伙人制的雏形。合伙人制是人类智慧的结晶，更是人类智慧的高级体现。

美国的合伙人制出现得较早。如著名的投行高盛、红杉资本、摩根士丹利等，便是以合伙制企业出现并逐渐成为世界顶尖投行的。这些企业大鳄靠合伙的智慧筹集到常人难以想象的资金，形成无人匹敌的规模，创造了一个又一个商业史上的神话。

自 1997 年《中华人民共和国合伙企业法》的出台，合伙人制有了合法的身份，成为企业家眼中的宠儿和利器。合伙人制成为创业和企业经营不可或缺的一种体制。

在这种情况下，如何让合伙人制顺利落地，如何让合伙人制真正发挥其效力和价值，成为商界人士新的钻研课题。

本书根据多年以来对合伙人制的探索经验编写了本书。可以说，本书是作者多年来在合伙人制领域智慧的结晶，点破了合伙人制落地的可行规则。

首先，要懂得合伙人制的优势在哪里，是否适用于你的企业。

无论选择怎样的经营管理模式，适合的就是最好的。合伙人制千好万好，但是不能包治百病。不同企业需要根据自己企业的具体情况，来确定合伙人制究竟是否适合自己的企业。

其次，选对合伙人是关键。

合伙人就像常伴一生的爱人一样，选对了才能幸福长久，选不对可能糟心的日子就要来了。本书详细阐述了选择合伙人的基本原则，帮助读者擦亮眼睛挑选适合的合伙人。万一真的看走了眼，出现了糟糕的情况，本书还给出了一些应对的措施供读者参考借鉴。

再次，合伙人制度的设制是关键。

俗话说，国有国法、家有家规。合伙企业也必须有明确的合伙人制度。进入如何出资、如何分配权责利、如何退出、如何玩转股权规则，这些都是合伙人制度的重要内容，更是关系企业生死存亡的重中之重。因此，合理的合伙人制度是合伙公司顺利发展的前提和保障。

最后，合伙问题需要巧妙应对。

任何一种经营管理制度都不能确保公司经营万无一失。合伙制也难免出现问题，我们需要做的就是防患于未然。本书列举了几个合伙经营可能会出现的问题，并给出了有效的应对之策。

无论有多少困难与阻碍，合伙人制的到来已经势不可挡。顺势而为才是企业经营者的明智选择。怎样认识合伙人制度？了解合伙人制度？落地合伙人制度？本书给了全面的解答与指导。

罗中赫

2021年2月

目 录

第一章　合伙人制在中国

合伙是人类群体的一种本能，因此合伙并不是现代社会发展的新生事物。合伙人制在中国同样有着悠久的历史，但随着时代的发展和进步，我国的合伙人制正在以全新的面貌呈现在世人面前。在合伙人制下，共创共享才能做最大的赢家。我们就通过本章内容来看看合伙人制在中国的典型特点。

合伙人制与传统雇佣制的较量　//002
共创共享才能做最大的赢家　//005
亲情友情与合伙人制的相爱相杀　//008
只能共苦不能同甘的通病　//011
互联网时代，中国的合伙人制　//014

第二章　互联网时代，合伙人制是"最贴心"的制度

市场竞争日益加剧，而传统雇佣制的人才乏力、资源乏力总是让企业痛苦不堪，仿佛企业中的员工都在破罐子破摔，一副事不关己高高挂起的姿态。而从合伙人制的实践来看，合伙人制恰恰成了企业的贴心"小棉袄"，帮助企业解决了人的问题、钱的问题和智慧的问题。忽然，企业仿佛得到了温暖的力量，重整旗鼓告别发展的"寒冬"。

从"员工"到"合伙人"，心态变了一切都变了　//018

解决"人"的问题，人人都是潜力股 //021

解决"钱"的问题，共同筹资铸实力 //024

解决"智"的问题，众人拾柴火焰高 //027

好处万千，但不包治百病 //030

第三章 合伙创业前，思维先行

做任何事情，思想先行很重要。只有有了正确的思想观念，才能用思想指引行动，从而实现目标。合伙创业也不例外。合伙创业前，必须经过合伙思维的修炼，用正确的合伙思维来指导合伙这件事情，才能让合伙更顺利，让合伙为企业创造更多的收益。

不合伙，事业干不大 //034

合伙是优势互补，不是个性克隆 //037

欲知彼先知己，弄清自己的分量 //040

人人都是独一无二的，尊重合伙人的个性 //043

面对人才，要面子还是要人才？ //046

合伙不成仁义在，好聚好散 //049

第四章 12条金规让你找到最佳合伙人

找合伙人是件大事，不能盲目行动，更不能盲目决定，因为只有最佳的合伙人才能让合作顺风顺水。若是没有找对合伙人，不仅不能为企业创造更多的价值，还会给企业带来负面的影响。因此，找合伙人要讲方法、守规矩。

找合伙人需要 70% 的时间和 100% 的真诚　//054

主动出击才能掌握主动权　//057

行动前，先明确合伙人的标准　//060

尽量从企业内部培养和挖掘合伙人　//063

多渠道综合考察目标合伙人的人品　//066

性格好不好，看合伙人细节　//069

诚信的合伙人千金难求　//073

志同道合才能合伙　//076

价值观决定了合伙人能和你走多远　//079

利益分配能达成一致　//082

妥善处理亲朋好友的用人要求　//085

不强求也不凑合　//089

第五章　遵守原则，合伙才能成功

无规矩不成方圆，同样，合伙有合伙的原则和规矩。合伙并不是一件随随便便进行的事情，从合伙人的进入、管理、账目、利益分配、合伙人的罢免与退出，层层环节中没有规则都无法有序进行。因此，对于合伙，遵守原则才能成功。

进入：让合适的人有序进入　//094

管理：让合伙人感到公正、主动服从　//098

账目：公开透明，让合伙人放心　//101

分配：公平公正，多劳多得　//104

罢免：庸者下，能者上　//107

退出：平静退出，保持企业的稳定发展　//111

第六章　订立清晰的合伙人制度，才能分合有序

合伙人制度是合伙公司有序运作的核心依据，没有好的合伙人制度，合伙人之间友谊的小船便经不起风浪，说翻就翻。因此，订立清晰的合伙人制度对合伙公司来说至关重要，在合伙人制度中，至少要包括：出资形式、合伙估值、如何分钱、如何退出这四大部分。

出资形式决定合伙深浅　//116
合理估值，明确合伙人份量　//119
分钱守规则，别让钱"惹事"　//122
退出有秩序，好聚好散　//125

第七章　懂得相处之道，才能和气生财

进入合伙团队，合伙人之间就会朝夕相处。因此，合伙人必须懂得为人处世的相处之道，通过巧妙的处理方式来消除合伙人之间的隔阂与矛盾，这样合伙人团队才能愉快地团结合作，共同向着统一的目标前进。对合伙人来说，"和"也是一件大事，和气才能生财。

不能只看私利，公司有利你才有利　//130
分工明确，权责清晰　//133
争名利不如争人缘　//136
合伙创业，有想法就要及时说出来　//139
谈钱不一定伤感情，避而不谈更不行　//142
意见不一致，最终谁拍板？　//145
有矛盾不可怕，冷静解决　//148
多沟通，问题就好解决　//151

与其互相拆台，不如互帮互助　//154

就算是他的错，也要无条件地荣辱与共　//158

有福同享的前提是有难同当　//162

蛋糕越做越大，巧妙分配　//165

第八章　合伙必懂的股权玩法

在合伙公司中，股权的问题永远都是无法回避的问题。只有把公司股权架构设计、股权控制、股权激励、众筹、回购、置换等一系列问题玩转了，合伙公司才会顺风顺水。股权是合伙公司的核心，必须谨慎处理、合理对待，做好股权的设置和分配，就能留住合伙人的心，从而保持公司的强大竞争力。

架构设计，好结构决定好未来　//170

控制权设计，保证创始团队的核心地位　//173

股权激励打造企业利益共同体　//176

股权众筹让融资走出困境　//179

股权回购，让企业和投资者都做赢家　//182

股权置换，交叉持股加深利益联系　//185

第九章　合伙创业可能会遇到的奇葩问题速解

合伙经营虽然好处万千，但也不会一帆风顺。合伙人之间难免会出现矛盾和摩擦，经营上也会出现资源问题、合作问题等。兵来将挡、水来土掩。在合伙过程中，出现问题不可怕，关键是要知道解决问题的方式方法。本章内容我们就来说说合伙创业可能出现的奇葩问题，并为你支招。

合伙人只出力不出钱,怎么管理? //190
合伙人只出钱不出力,怎么办? //193
合伙人好吃懒做不作为,怎么应对? //196
合伙人后台硬、资源多,该怎么与之合作? //199
小股东合力"造反",该怎么办? //202
合伙经营时,资源断了怎么办? //205

第十章 中国合伙企业的成与败

合伙人制已经不是什么秘密,无论是商海中赫赫有名的大公司,还是竞争激流中拼命挣扎的无名小卒,都愿意选择在合伙的道路上试上一试。成了就会名垂商海,败了也不过是吸取教训东山再起。中国合伙企业的成与败,给我们带来了太多的成功的感召和失败的教训,无论成败,都值得我们深思和学习。

万科:从职业经理人到事业合伙人转变 //210
华为:以奋斗者为本,共创价值 //213
海尔:企业成为平台,员工成为创客 //216
美道家:靠外部合伙人完成快速扩张 //219
真功夫:内部合伙人的股权之争 //222
西少爷:创业模式错选导致的散伙 //225
泡面吧:都是"宫斗"惹的祸 //227
俏江南:如何丢了控制权 //229

第一章
合伙人制在中国

合伙是人类群体的一种本能,因此合伙并不是现代社会发展的新生事物。合伙人制在中国同样有着悠久的历史,但随着时代的发展和进步,我国的合伙人制正在以全新的面貌呈现在世人面前。在合伙人制下,共创共享才能做最大的赢家。我们就通过本章内容来看看合伙人制在中国的典型特点。

合伙人制与传统雇佣制的较量

谁把自己当老板看,谁死得最快。

——新东方创始人 俞敏洪

俞洪敏老师这句话并不是他的个人见解,而是很多企业大佬不吐不快的心声。进入互联网时代,合伙人制开始了与传统雇佣制的正面较量,而且愈演愈烈。

历史上,有"管鲍之交";有《汉谟拉比法典》的明文规定;有康孟达契约。发展至今,阿里巴巴的马云、万科的郁亮、华为的任正非、小米的雷军、美的集团的方洪波、新东方的俞敏洪、真格基金的徐小平、360的周鸿祎、海尔的张瑞敏等我们熟知的大企业家都成了合伙人制的青睐者和拥护者。

这些知名大企业向合伙人制度的转变,都在向各行各业释放着一种信号:在合伙人制和传统雇佣制的较量中,合伙人制的优势更胜一筹,甚至在某些方面是传统雇佣制无法匹敌的。

扁平化组织 VS 金字塔结构

在商界流传着这样一个段子,曾经一位国企高管对一位民企老总说:"前些天我见到你手下的某某了。"民企老总马上回应:"对不起,他不是手下,是合伙人。"合伙关系意味着强雇佣关系、强隶属关系的消失,淡化上下级之间的关系,意味着组织结构变得简单化、扁平化,而不再是雇佣制下高高的金字塔结构。扁平化结构的信息流通速度和管理效率要远远高于金字塔结构。

引人才 VS 雇人才

在互联网时代，在合伙人制度的冲击下，资本的光环正在逐渐消退，人力资本的时代正大步走来。现如今，人才对企业事业、薪资待遇、情感关怀等的关注程度已经没那么强烈了，反而对企业的合伙人制度和股权激励方案更感兴趣。好的合伙人制度和股权激励方案更能吸引人才的加入，而"高价"雇佣人才的套路则显得乏力。

拥有感 VS 过客心理

合伙人制最大的特点就是能创造拥有感。你是企业的合伙人，企业就是你的，对自己的企业和事业自然要格外上心。若你只是老板雇佣的员工，即使身价再高，也只是一个过客，因为企业不是你的。缺乏成就感、存在感、话语权，哪有工作激情可言？雇佣制下，你就是个有一定技术含量的"机器"。

低成本 VS 高消耗

无论对于哪个行业来说，降低成本都是各个企业需要重点考虑的问题，因为成本高就意味着利润低。合伙人制首先通过组织结构的扁平化降低了管理的成本，此外企业运转效率的提高还降低了时间成本和运营成本。相对于雇佣制臃肿的组织结构来说，合伙人制的管理优势和成本优势不言而喻。

近年来，随着房产政策调控的不断加码，似乎房地产行业进入了"寒冬"之季。但碧桂园的发展速度在让人羡慕之余，更是引起了人们的好奇。碧桂园为什么能够在市场下滑的情况下保持持续的增长？这与其合伙人制的推出不无关系。

在面对房地产业寒冬之时，碧桂园选择通过团队构建和组织变革来破冰，也就是靠合伙人制在寒冬时节集体取暖。

无论是2012年推出的"成就共享计划"，还是2014年实施的"同心共享计划"，碧桂园都在不断尝试用新的激励机制颠覆传统地产公司的组织架构。原因很简单，碧桂园深刻认识到：传统的组织架构不行了！截止到 2016 年 4 月初，碧桂园已经有超过一半的合约、168 个项目采取了合伙人制。随着碧桂园在国内土地市场的扩张，这一数字还在持续增长。在碧桂园，约有 15% 的股东权益归属集团公司、区域和项目管理层，同时，管理层和参股员工也成为持有少数股东权益的小股东。

2016 年，碧桂园前财务总监吴建斌曾表示，推行合伙人制度，一是让管理团队更稳定，二是碧桂园 2015 年开始实施的 70 多个项目，效益比原来有很大的提高，资金周转率和资金收益率也有明显的改善。

数据显示，自碧桂园引入合伙人机制以来，地带开盘时间由原来的 6.7 个月缩至 4.3 个月，利润率提升了两个百分点，年化自有资金收益率上升 26%，现金流回正周期缩短 2~4 个月。

且不讨论碧桂园的行业地位，但不得不承认碧桂园的高速发展和创收的大幅增长与合伙人制的落地有着莫大的关系。

随着人们对合伙人制的深入了解，合伙人制的优势正在凸显出来，并且对传统雇佣制有压倒之势。正如俞敏洪所说："谁把自己当老板，谁死得最快。"认识合伙人制的优势、实用情况、落地机制等，对于企业从传统雇佣制向合伙人制的转型具有重要意义。

共创共享才能做最大的赢家

> 现在的创业时代,早已不是单打独斗、显现个人英雄的时代了。大家互惠互利,合作双赢才是硬道理。
>
> ——成功企业家

面对当今的经济洪流和越来越快的发展趋势,这位成功企业家的语录越发显得充满真理。据统计,我国平均每天有 1 万多家企业倒闭,每分钟就有近 10 家企业关门。我国企业的"死亡"速度之快可谓非常惊人。为什么企业会有如此高的淘汰率呢?答案就是这些企业没有契合时代的发展速度和发展特点。

互联网时代的到来让社会分工更趋于精细化,加之社会和技术的飞速发展,一个人在有限的时间内很难成为全能冠军。为了赶上技术和知识的快速革新,人们不得不在同一个领域快速提升自己的知识水平和能力,而很难顾及其他。

所以,现在的企业很难再出现之前创业初期的大包大揽,一个人既可以做财务,又可以做业务,还可以做技术的时代已经过去了。要想在这个急速前行的时代成功生存下来,并跑在其他行业的前面,创业就需要专业的管理人才、专业的财务人才、专业的销售人才、专业的技术人才、专业的客服人才的支持。让这些术业有专攻的人形成一个共创共享的利益共同体,才能实现基本的生存目标和发展目标,从而开创共赢的局面。

当然,我们所说的共创共享并不是人才的简单叠加,而是一种心往一处想、劲往一处使、群策群力、共同为企业的发展做出贡献的团结精神和奉献精神。

1984年，戴尔公司创立。但是，戴尔的创立十分艰难，仅仅以1000美元起家，这比任正非领导的华为的创业还要"凄凉"。可以说，创立之初的戴尔一穷二白，既没有钱，也没有资源。

企业存活的艰难与残酷早就洗刷了创业之初的兴奋和遐想。就在戴尔的财务和资源捉襟见肘的时候，金融家沃克出现在戴尔创始人迈克尔面前。当时的沃克因为一次投资的失败而陷入了经济危机。沃克的融资渠道正是戴尔所需要的，而戴尔为沃克提供的工作机会恰恰解了沃克的燃眉之急。就这样，沃克与迈克尔开启了共创共享的新局面。

沃克凭借其在金融领域的人际关系网络，很快就为戴尔拿到了发展必需的贷款和融资。而沃克也顺利度过了经济危机，恢复了昔日的体面和辉煌。双方通过共创、共享实现了双赢。

迈克尔和沃克的合作成就了今天的世界级企业戴尔。创业初期，如果不是沃克弥补了迈克尔的金融和财务方面的短板，戴尔也许就会夭折。如果不是迈克尔为沃克提供了翻身的机会，沃克可能就会沦为"阶下囚"。

共创共享的作用无异于蚂蚁效应。

一群蚂蚁决定在一颗百年老树下安家乐业。可是老树的树干却挡住了新营地的阳光。为了有一个舒适温暖的家园，蚂蚁们辛勤劳作着，它们一点点地搬走了泥沙，又一点点地啃掉了碍事的树干。终于有一天，百年老树轰然倒地，化土成泥。

这群小小的蚂蚁，就像企业创立和经营过程中的一个个独立的人。一个人的力量是渺小的，但一群人的力量就会坚不可摧。集合他人之所长、利用他人的智慧，你的企业就可能成为第二个"微软"，你也可能成为第二个集成功和财富于一身的比尔·盖茨。

让聪明、独立的人和自己一起工作

比尔·盖茨认为，微软最好的经营决策是对人才进行挑选，拥有可以信任的人、可以承担重任的人、可以同甘共苦的人非常重要。

广交益友

为了开拓国外市场，比尔·盖茨一直重视在各国结交益友。国外的朋友可以帮助微软完成相应的市场调查，为微软制定国外市场策略提供准确而有力的依据。微软的第一个日本个人电脑项目就是通过比尔·盖茨的日本朋友找到的。

合作伙伴的人脉也可以为己所用

在不存在利益冲突的情况下，合作伙伴的人脉资源也可以为己所用。这样有利于商业网络的铺开，更有利于实现合伙共赢。

共创共享已经成为这个时代的主流旋律，单打独斗反而成了自取灭亡之由。一个人战斗，即使你赢了全世界，无人分享、无人共勉，内心仍旧是孤独和失落的，这不是真正的赢。众人合作，取长补短，打拼下来的江山才是稳稳的江山，才有温度。

人心齐，泰山移。

一根筷子容易断，十双筷子断亦难。

单丝不成线，独木不成林。

三个臭皮匠，赛过诸葛亮。

一个篱笆三个桩，一个好汉三个帮。

这些都是从古至今智慧的流传，同时也是团结合作、共创共赢的不变真理。

亲情友情与合伙人制的相爱相杀

没有永恒的朋友，也没有永恒的敌人，只有永恒的利益。

——丘吉尔

中国是礼仪之邦，无论是穷困潦倒的普通人还是富可敌国的企业家都爱面子。面子和人情在很大程度上左右着人们的情感、制约着人们的发展。在官场上如此，在商场上亦是如此。在商场上，靠裙带关系谋求职位和利益的情况数见不鲜。

好朋友要进入自己的企业一起赚钱，既然对方开口了，就不能拒绝！小舅子毕业了还没工作，老岳父开口了让给个差事，不能拒绝！老婆的闺蜜失业了，又是单身，迫于房贷的压力想让你赏口饭吃，不能拒绝！你拒绝了就是不给对方面子，就会伤害彼此的感情，就会产生"冷血无情"的流言蜚语。他人伤不起，自己也伤不起。

在合伙人制面前，如何对待亲情友情的投靠还真成了很多人的难题。亲情友情与合伙人制的相爱相杀也是一路相随。

"感情"基础好

按理说，亲朋好友想进入你的企业是件好事，说明你的企业有实力、有魅力。亲朋好友与你的关系不寻常，彼此之间已然了解熟悉，也会多几分信任，交流起来更容易，工作起来也更尽心尽力。

理论是这样，但现实却未必遂人心愿。如果遇到懂事的、感恩的亲友，助你一臂之力自然不在话下。但若遇到只是眼红你的财富、没什么本事又想吃白饭的亲友，不给你添乱就是好事。

生意与感情，傻傻分不清

在商言商，商场无父子。这句话我们都会说，可未必能做到。与亲密的朋友和亲人合伙创业和经营，很容易公私不分。即使你作为主要经营者，能明白这个道理，但是亲友就认为你们是关系最亲近的人、你们是穿一条裤子的人，他们就应该得到更多的利益和权利，碍于面子，你该怎么办？

你碍于面子，给了他们权利和利益，也许他们就会得寸进尺，在企业中作威作福，胡乱发号施令，弄得企业乌烟瘴气、怨声载道，你该怎么办？其实这都是你的纵容和公私不分的结果。

人情不能在公司中还

创业初期，有的人苦于没有资金，眼看着一个前景大好的项目就要泡汤了。这时候，朋友或亲人向你伸出了援助之手，大大方方借给你100万，并且不收利息。

这是多大的一个人情。这钱一时半会儿肯定是还不上了，天天见面还真是不好意思，怎么办？要不给个特权？给个高位？照顾一下亲友？NO！坚决不可以！

一旦你让对方觉得你因为欠他人情而愧疚，给他开了后门，他可能就会觉得你这样做是理所应当的，他的任何请求你都会答应，于是就会无休止地用自己的面子和人情，天长日久地"勒索"你。

人情债坚决不能拿公司利益来还。最好的办法就是拟定一个协议，形成借贷关系或合伙关系，但一定要明确双方的权利和义务。

亲情友情与合伙人制的爱恨情仇在家族企业中最为常见，但也不能一概而论。能够处理好其中的感情与关系，自然能够为企业带来利益和好处。如若不能处理好这层关系，势必会给企业带来灾难。

2015年7月26日，一则触目惊心的新闻发布在公众平台上：湖北

合伙人制度：颠覆传统企业模式的公司治理实战全案

一女子在百货商场内被卷入电梯身亡。

出事的电梯厂商是申龙电梯股份有限公司。申龙电梯创建于1992年，是中国电梯协会理事单位。申龙电梯还有一个标签——家族企业，据有关调查，申龙电梯的高管家属就有8位：袁华山是申龙电梯的董事长，也是实际控制人；其弟弟袁强为公司总经理；其表弟蒋勤荣为公司副总经理；其哥哥袁明元担任制造部部长；女儿袁青担任证券部部长。另外，申龙电梯的亲友团还把持着公司上游的原材料供应链。除袁强、袁明元和蒋勤荣的申奥机电之外，还有袁华山姐夫的杨氏塑胶，袁华山大舅子的女儿夫妇的龙港配件，袁强妹夫的亚太电子，公司董事、副总经理兼技术总监唐志荣大姨子丈夫的宏达配件。

如此庞大的家族圈，让整个关联交易之间缺少了相应的制约和监督，有的供货商甚至是毫无质量保障的小作坊企业。虽然申龙电梯为上市也做过一系列的改革，但始终还是将利益链锁定在了亲友圈，"肥水不流外人田"。但这种公私不分的经营法则终于造出了"吃人"电梯，酿成了夺人生命的惨剧，最终也让企业自身蒙受了一定的损失。

申龙电梯的重大事故绝非偶然。"亲友团"的盲目信任和疏于防范正是这次事故的元凶。申龙电梯没有做到在商言商、公私分明，最终也是自食恶果。如果申龙电梯能够公正处理与亲友团的关系，做到公私分明，严把质量关，也许这场悲剧就可以避免。

生意场上，亲情和友情的掺杂的确是让人进退两难的事。在一视同仁、平等相待的基础上妥善处理个人情感，才能让亲情友情之爱永恒流动。

只能共苦不能同甘的通病

我们经常讲同甘共苦,每个企业都希望员工能与企业同甘共苦。但实际上同甘共苦不是一回事情,"同甘"是"同甘","共苦"是"共苦","同甘"靠制度,靠规矩,这叫"同甘"。

——经济学家 厉以宁

生活中,我们往往觉得只能同甘不能共苦的人有很多。但生意场上恰恰相反,只能共苦不能同甘的人有很多。这一点儿都不奇怪,生意场上的确如此。

创业之前,各位合伙人可谓是心怀满腹凌云壮志,只想着如何赶快把企业做起来,如何赶快让创业项目步入正轨,如何筹备创业前期的各种资源。对于后面的事则很少考虑,甚至都不曾想过企业赚钱了、日子好过了之后如何分钱的问题。在权利的分配上,创业初期一般也会只想着全心全意为了企业的生存和发展而奋斗,只要企业能生存下来,谁当家、谁付出多一点都无所谓。大家可能都觉得在企业生存困难的时候,没人会计较这些,无所谓,一切为了企业。

的确如此,这就是创业者的典型心理。在创业初期的时候,共沐风雨、两肋插刀不在话下,先让企业活下来再说。

但是,等企业市场扩大了、业务更多了、钱也更多了,收回了成本,产生了利润,原始合伙人之间自然就出现了如何分钱和分权的问题。这个时候，谁都会觉得自己是对企业发展最重要的那个人，是对企业贡献最多的那个人，自然也想得到更多的分红和权利。矛盾的凸显就是从这个时候开始的。

现实中，因为权和利的分配而反目成仇，甚至对簿公堂的不在少数。远东皮业的父女也曾因为利益分配问题而反目成仇。

曾经的猪皮革产销行业的老大——远东皮业，父女共同为企业的发展立下汗马功劳，但也因利益分配的问题而闹出了僵局。

远东皮业也是一个家族企业，位于浙江省温州市平阳县。由王氏兄弟四人完成了资本的原始积累，并一步步把企业做大。这四人分别是父亲王大同与母亲蔡爱华的长女王萍、老三王敏、老四王怀和老五王楚均，他们也都是远东皮业的高管。

企业越做越大，但姐弟四人之间的感情却越来越糟，矛盾越来越深。矛盾的根源还是直指利益的分配问题。王氏家族成员曾签有一份《股权协议书》，协议显示：王氏家族的股份共五股，其中蔡爱华半股、王萍一股、王敏一股半、王怀一股、王楚一股。

老三王敏曾任远东集团的董事长兼总裁，认为集团是靠着他在广州和香港不断寻找订单、扩大市场，才逐渐做大做强，自己是毫无争议的创始人。王敏的好大喜功引起了父母及兄弟姐妹的强烈不满，他们结成一个阵营，开始了与王敏的对立。

2006年11月，王敏委托律师对集团的资产进行了核查，他发现自己的一部分股权被转移到了姐弟名下。王敏借此将姐弟等人告上了法庭，但经过内部协商，王敏最终撤案，并确立了自己的集团创始人地位，自动出任集团董事长和总裁，确认了之前《股份协议书》中的股权比例继续有效。

但是王敏的家人并不甘心。之后的日子里，有一次，王敏去参加董事会，其父母姐弟以王敏患有"重度抑郁症"为由，强行将其送往精神病院。三天后,王敏出院,但也与家人的感情破裂、关系决裂。

之后王敏通过法律手段维护了自己的正当权益,其父母姐弟也受到了相应的处罚。

远东集团在王氏家族的手中壮大,但还是因为家族内部的利益之争闹出了乌龙。即便是血脉相连的亲人,仍旧还是逃不过利益的诱惑,真是应了商场中的那句话:只能共苦不能同甘。

家族企业都会因为"同甘"的问题产生矛盾,更别说是普通的合伙人了。可以说只能共苦不能同甘,已经成为合伙企业普遍存在的问题。

为了解决这一问题,最好的办法就是在合伙之前,先规定好权和利的分配方式和分配规则,并形成书面的协议,使之具有法律效力。另外,协议的内容一定要得到当事人的认可,这样如果合伙人之间再因为利益分配的问题发生矛盾,解决起来就有依有据。如果合伙人强制抵赖,就可以动用法律手段来解决问题。

就像经济学家厉以宁所说的,"同甘"要靠制度和规矩。没有大家公认的公平合理的制度和规矩,就会让矛盾和纠纷在利益分配问题的土壤中滋生。

另外,"同甘"的问题必须解决在合伙之前,丑话说在前头,才能让合伙人放心大胆地、开诚布公地与你合伙创业。

互联网时代，中国的合伙人制

  合伙人，作为公司的运营者，业务的拓展者，文化的传承者，同时又是股东，是最有可能坚持公司的使命和长期利益的，并能为客户、员工和股东创造长期价值的。

——前阿里巴巴董事长　马云

  合伙人制在中国也是由来已久。春秋战国时期的"管鲍之交"可能就是对合伙最早、最明确的记载。实际上，合伙作为人的一种认知，一直随着人类社会的发展延续至今。

  《中华人民共和国合伙企业法》（以下简称《合伙企业法》）则是由第八届全国人民代表大会常务委员会第二十四次会议于1997年2月23日修订通过，自1997年8月1日起施行。2006年8月27日，由第十届全国人民代表大会常务委员会第二十三次会议修订，自2007年6月1日起实施。

  可以说，我国的《合伙企业法》为合伙人制度在中国的发展和运用提供了依据和规范，让合伙人制在中国的实践有章可循、有法可依。

  在《合伙企业法》于2007年6月1日正式生效之前，我国的合伙人制仅限于个人合伙的形式，限制了海外投资者的参与。但是在2007年6月1日之后，国内外的企业和个人都可以实施合伙人制，没有了地域的限制，中国的合伙人制显得更加灵活，也渐渐受到了诸多企业的青睐和热捧。

第一章
合伙人制在中国

合伙人、合伙企业最早为人力资本型企业所特有，例如投资、咨询行业。没有人能清楚地界定近现代时期合伙人制在中国的第一次实践是在什么时间。但是进入21世纪，合伙人制已经在中国大规模兴起，并且呈现出了制度本身的绝对优势，为中国企业的发展开创了新路子。

阿里巴巴宁肯放弃香港上市都没放弃合伙人制；万科在借鉴阿里巴巴、小米等企业的经验之后，大胆"抛弃"了互联网思维，用合伙人制解决了困扰企业多年的问题；华为坚持员工持股，拒绝上市，成功实现了人与资本的关系调整；海尔通过合伙人制成功实现了管理者与员工关系的调整，激活了员工个体……

如果说，合伙人制在我国是无法推行的，是无法为企业带来利润增长和飞速发展的，那么这些国际知名大企业的合伙人制的实践成功又怎么解释？不仅是知名的大企业，连养殖、种植、卖肉的小企业都已经懂得合伙了。

几年前，长乐镇的周德军只是个跑运输业务的生意人，他看到甘肃一带有许多黄牛，而且价格便宜，肉质也好，于是想开始做黄牛生意。但是他个人时间、精力、资金都有限，他需要与人合伙经营才能把生意做起来。

长乐镇的钱玉亚原本做电机生意，但近年来，生意每况愈下，也想着转行做其他生意。钱玉亚的丈夫与周德军是好朋友，鉴于电机厂的情况，钱玉亚夫妇二人都想到了和周德军做黄牛生意。两家人一拍即合，说干就干。

周德军和钱玉亚各出资20万元作为启动资金，二人成了合伙人。钱玉亚在集贸市场租赁了一个摊位，负责销售黄牛肉；周德军负责黄牛的贩运。两人一个负责进货，一个负责出货，合作非常顺利，生意也越做越大，没过多久就有了自己的中转场。

几年之后，两家人就靠着诚信和理解，把生意越做越大。他们不但自己销售牛肉，还做起了对外批发的生意，更是凭着过硬的牛肉质量将生意做到了当地各大农产品配送中心。

周德军和钱玉亚的生意就是从有限的资金和资源开始的。可以说，开始创业的时候，他们的企业规模微不足道，没有人会在意一个小小的肉摊的死活。但两家人就是靠着合伙把生意越做越大，而且知名度越来越高。

合伙人制的成功落实不在企业规模的大小，更重要的是找到适合企业发展的合伙人制度、股权模式、利益分配机制。只有与企业发展相适应的公平合理的合伙人制度才能使企业的基业长青。

因此，对于我国的企业来说，一定要充分认识到合伙人制的关键所在，同时充分了解自身企业的发展情况，才能对症下药。这正是中国企业实施合伙人制最需要下功夫的地方。

第二章
互联网时代，合伙人制是"最贴心"的制度

　　市场竞争日益加剧，而传统雇佣制的人才乏力、资源乏力总是让企业痛苦不堪，仿佛企业中的员工都在破罐子破摔，一副事不关己高高挂起的姿态。而从合伙人制的实践来看，合伙人制恰恰成了企业的贴心"小棉袄"，帮助企业解决了人的问题、钱的问题和智慧的问题。忽然，企业仿佛得到了温暖的力量，重整旗鼓告别发展的"寒冬"。

从"员工"到"合伙人",心态变了一切都变了

> 我要把员工变成我的合伙人,来医治一个越来越大的公司,而且在未来,大公司或许并不存在,只存在大平台和事业合伙人的自由连接。
>
> ——360董事长兼CEO 周鸿祎

在合伙企业里,你会发现,没有老板、没有员工、没有手下、没有里三层外三层的管理层级,人们口中说的最多的就是"我的合伙人"。身份的转变、称呼的转变,也带动心态的转变,而心态变了一切也就跟着变了。

在资本雇佣劳动的时代,员工就是一个老板花钱雇来的、为老板赚钱的工具。他们只是按部就班地完成老板分配的任务,只要符合老板的要求就能拿到约定的薪水。这个时候,员工只关心自己的薪水,不关心企业的发展和老板的利润。老板赚了多少、赔了多少和他们没有半毛钱的关系。企业黄了,再找一个"买主"便是。

小张是一个计算机专业的高材生,有一定的技术。毕业后,小张通过自己的努力来到了当地一家小有名气的软件公司。小张开始了加班加点、吃住在公司的生活。两年下来,小张为了老板的大小项目前后奔忙,连谈女朋友的时间都没有。

而且小张的老板是一个"领导范"十足的人,大权在握,总是用一种命令的口吻和员工说话,而且固执己见,斤斤计较,把工作安排得满

满的,从不给员工喘气的机会。有人偶尔生病请假,老板也会在电话里大声呵斥:"我花钱雇你们来,是让你们为公司效力的,不是让你们生病请假的。明天赶紧来上班!"

每每听到老板这样说,员工的心都凉了,员工是走了一波又来一波,来了一波又走一波。小张也早就心寒了,只是为了攒钱筹备自己的人生大事,他一直在熬着、忍着。但是小张早就没有了刚毕业时的豪言壮语与激情满腹,现在的他每天都在混日子。对于老板交给的任务,他也是漫不经心地能应付就应付。"管它呢,只要能交差就行,反正一个月就那么点钱,我只管拿钱",小张如此消极地说。

小张所在的公司就是典型的雇佣制公司,老板一人独大、一手遮天,让员工没有丝毫的存在感和成就感。雇佣制是会消磨人的激情和意志的制度,让一个个满怀凌云志的人才变成一个个报效无方的颓废的躯壳。

继续小张的故事。

终于有一天,小张熬不住了。他觉得自己的大好青春就这样虚度了实在可惜,他的理想、抱负和一身的技艺不能就这样荒废了。他鼓起勇气辞职了。

在接下来找工作的那段日子里,他并没有急于上班,而是对当地这个行业的企业都进行了详尽的考察。他决定再也不跟随之前那样的老板了。

锁定目标,发起攻击,没过多久他就收到了目标公司的面试邀请。他不仅考察了公司的制度,也考察了老板的人品。最终小张选择了一家合伙企业就职。

虽然他的薪水没有以前的多,但是很快他就靠自己的努力成功拿到了公司的股份,成为公司的合伙人之一。靠着公司每年的分红,小张的收入也渐渐多了起来。这不是最关键的，用小张自己的话说："在这干着爽，就像脱胎换骨一样，人的精神头都不一样了。"

在新的公司，小张作为合伙人之一再也不混日子了。他意识到自己努力为公司创造价值就是为所有合伙人、为公司、为自己创造价值；他有了一定的权利，可以更好地发挥自身的潜能；他感到责任重大，每天都是全力以赴，丝毫不敢怠慢。小张感觉自己每天都是"满血"的状态，有使不完的劲，心态也产生了巨大转变，感觉自己就是这个公司的主人之一。

不仅小张，小张身边的同事也都是激情满满的状态。他们团结一心，很快小张所在的公司就兼并了原来的单位。

新的公司、新的制度、好的心态，让小张的人生发生了巨大转变。小张从一位普通的员工变成了公司的合伙人，从一种消极怠工的状态到满血复活，从只不过是老板赚钱"机器"的心态转变为公司主人的心态。这一系列的变化不仅让小张重拾了自信和对未来的憧憬，而且也成就了整个公司。这就是一种双赢！这就是相对传统雇佣制来说，合伙人制的魅力所在。

我们都知道心态的重要性。心态主宰着人的思想、情绪、行为和心理。积极的心态自然能让人有个好心情、充满正能量，能够积极应对生活和工作中的各种问题。而当员工变成了企业的合伙人，在拥有了实现财富梦想和精神需求的平台之后，员工自然不会混日子，而是会满怀激情地勇往直前。

员工的心态变了，公司的面貌就变了。

解决"人"的问题,人人都是潜力股

> 如果你找一份工作,天天加班当然是不行的,但如果是合伙创业就不同了,创业是一种生活方式,你在为自己而活。
>
> ——小米员工

合伙人制有效解决了当今企业的三大问题,"人"的问题就是其中之一。那么传统企业的"人"出了哪些问题呢?合伙人制又是如何解决的呢?

在传统企业中,"人"的问题主要表现在以下几个方面:

老板与员工不是一条心

在传统企业中,老板与员工想不到一块去。老板就想着多让员工干活、少给员工发钱。而员工就想着省点力气少干活,工资能多争取就多争取,能少扣就少扣。甚至有的员工会存在很大的私心,利用公司的资源赚外快也不是什么新鲜事。反正老板赚钱赔钱都与自己无关。

"打工仔"与老板的对立

在传统企业中,员工与老板的关系就像奴隶和奴隶主的关系。无论怎样,员工都会认为赚钱的是老板,老板只会无限压榨他们的劳动力。而他们拿着有限的薪水,能偷懒就偷懒,能不干就不干。老板则会认为员工就想着上班看个视频、聊个小天、赚个外快,想各种办法防着老板,甚至在某些问题上他们会空前团结,合起伙来与老板讨价还价。不盯紧他们钱不是白花了,多干点是点。在这样的心理状态下,员工和老板不对着干才怪。

给高薪也留不住

老板说，如今的人个性十足，本事不大脾气很大。在公司稍有不顺、稍有不满，就要"一哭二闹三辞职"。即便公司用高薪挽留，他们还是很坚决，留也留不住。不知道到底是为了面子，还是公司真的哪里做得不对伤了他们的心，还是早已另谋高就？老板好说歹说请他们留下，但他们还是铁着心说走就走。

墙头草，利益在哪往哪倒

在传统企业中，员工往往就像墙头草一样，见风使舵、溜须拍马那是他们最乐意学习的"技能"。因为他们每天想的不是自己的进步和企业的发展，而是总在考虑站在哪一队能让自己尽快晋升、加薪，跟谁关系好他能在领导面前给自己争取点利益，业内哪些公司涨了多少薪水、自己怎么尽快跳槽过去。能挣两块钱，员工就不会安安分分地待在只挣一块钱的地方。

在传统企业，任凭老板如何做出保证、如何付出行动，员工都没有满足、满意的时候，因为在他们心里，无论老板做什么都是为了老板自己的利益，老板才是最大的受益者。

但是合伙人制的到来就能够很好地结束这种糟糕的局面。合伙人制有着让"打工仔"翻身做"主人"的本领。员工成了主人就不会对企业轻言放弃了。

拿多少跟付出多少直接挂钩

合伙人制是什么？你出资多少、付出多少就能拿到相应比例的回报。换句话说，在合伙人制下，不劳而获、空手套白狼的蛀虫将一无所获，只能被饿死。

拖公司的后腿，人人都会鄙视你

在合伙企业中，作为合伙人的你，如果再想得过且过、老是偷懒，若因此而脱了公司的后腿，其他全力以赴的合伙人就会严重鄙视你，你会在有形无形的羞辱中无地自容，更不好意思和其他合伙人谈利益公平了。

公司好了你才能好

对于合伙公司来说，公司是靠各位合伙人的智慧和努力支撑起来的，合伙人都是公司这片"天"底下的子民。如果公司的状况不好，整日阴霾不散，合伙人也就接受不到阳光的温暖，只能过狂风暴雨的阴冷日子。只有公司好了，你才能好。

"亲爹"没有不对自己的"孩子"上心的

合伙人既然选择了投资企业、贡献于公司，就会对公司上心。公司就像是合伙人的"孩子"，合伙人就像公司的"亲爹"，是"亲爹"就会对自己的"孩子"上心。所以不用谁说，不必天天强调长篇大论的规章制度，合伙人对企业的责任感也会长存于心。

沃尔玛作为世界零售企业的巨头，也推行了合伙人制。在沃尔玛，员工工作满一年，每周工作超过20个小时，平均可以得到年薪5%的分红，沃尔玛的员工分红是以公司股票的形式支付的，而且员工离开公司时才能领取，股价的飞涨让沃尔玛很多的人成了百万富翁。沃尔玛的合伙人制就是一个良性循环：员工越努力，公司效益越好，员工获得的红利也就越多。员工得到的好处越多，越会忠于企业、努力工作，公司的实力也会更强。

人的智慧和力量是无穷的。合伙人制能够更好地激发人的潜能，让更多人成为潜力股。

解决"钱"的问题,共同筹资铸实力

钱不是万能的,但没有钱是万万不能的。

——佚名

俗话说,能用钱解决的问题都不是问题。但是对于创业来说,没钱也是寸步难行的。如今,老板孤身一人单枪匹马闯天下的时代已经过去了。没钱,创业者就会被饿死在半路上;没钱,你可能无法投入更多的资本去创造赶超对手的实力,最终还是要被淘汰;没钱,谁会愿意跟你干!

在这个为快不破的时代,因为资金不到位而创业夭折的公司不在少数。一方面,都想自己做老板,一人独大,不愿意引进其他的资本来牵制自己;另一方面,没钱,可能创业的梦想还没开始就结束了。

当你有好的创业项目却资金有限时,完全可以寻找志同道合的合伙人与你一起干。有钱的出钱,没钱的出力,这样钱的问题不就解决了。

王力是2015年毕业的高材生。毕业后两个月的时间,他没有找到合适的工作,于是决心利用自己在大学时积累的社会经验和人脉关系自己创业。王力一直对影视设计很感兴趣,他决定创办一个婚庆公司,提供一条龙的婚庆服务。

王力是个不愿意将就的人,任何事情都要求尽善尽美。按照他的想法,这个创业项目正常运转起来,至少需要200万元的资金。可是他一

第二章
互联网时代，合伙人制是"最贴心"的制度

个苦哈哈的应届毕业生哪有那么多钱。

王力想到了大学时的好哥们，其中有几个比较富足的，可以跟他们谈谈合伙。于是，王力组织了一场规模较大的饭局，把几个好哥们都叫来了。饭桌上，王力大胆地向大家说了自己的创业规划。没想到几个好友纷纷表示，这么好的项目不拉哥们一把那才是伤感情呢。

就这样，王力筹措了 80 万元，其他几个好友有出 50 万元的，有出 20 万元的，少则出 5 万，很快这 200 万元的启动资金就到位了。王力的婚庆公司风风火火地开了起来。而且其追求极致的运营理念受到了很多新人的青睐，很快就在当地独占鳌头。

以前创业，真不是有个好想法就可以的，单打独斗、没钱都会使创业夭折。如今，有了合伙人制，没钱、没资源那都不是事儿，找到对的合伙人这些问题都能解决。

在合伙人制中，合伙人一般都会出资。

出资形式不限

合伙人出资的形式有很多种，可以是资金，也可以是实物，还可以是房屋、知识产权等。出资是成为某个组织的合伙人的前提条件。只要你的优势、你的出资可以解决创业过程中的一些问题，并得到其他合伙人的同意，你便可以成为合伙人之一。

风险共担

合伙人除了可以解决资金的问题，还可以共同承担一定的风险。万一创业项目经营不善，出现亏损，合伙人都要承担一定的风险，不至于让一个人全部承担损失而压力巨大。

合伙人制从出资和风险承担两个方面解决了创业中"钱"的问题。正是因为这样，才让更多有创业梦想的人敢于行动、能够行动起来。

2016 年，小张和小吴每人出资 30 万元，在某市区开了一家火锅店。

火锅店开起来,一开始生意还不错,但是自从换过厨师之后,火锅的味道变得越来越差,影响了很多新老顾客的体验。渐渐地,火锅店的生意每况愈下,最后入不敷出了。

张吴二人不得不对店面账目进行清算,然后关店。经过清算,除了欠员工的工资 3 万元,还有店面租金的损失 20 多万元,加上其他损失,小张和小吴损失大概有 30 万元。

当初,小张和小吴每人出资 50% 合伙经营,如今出现了亏损,自然也要各承担 50% 的风险。小张和小吴面对清算的结果,相视一笑表示:还行,这结果能接受,要是让一个人承担真是要了命。

小张和小吴合伙出资经营,又一起承担了亏损的风险,减轻了创业金钱和风险的压力。

事实上,在合伙人制下,"钱"的问题几乎是最容易解决的问题,只要你有好的创意、好的创业项目、好的管理策略、好的运营机制,定会得到投资人的青睐。同时也提醒大家,共享利益、共担风险的合伙人才是好的合伙人。

解决"智"的问题，众人拾柴火焰高

一个人的智慧总是有限的，只有那些能集合多数人的智慧的人才能真正成大事。一个人的力量是有限的，但能集合多数人的力量的人，就可能是无敌的。

——佚名

我们都知道"三个臭皮匠赛过诸葛亮"的道理，说的就是人多力量大，大家都将智慧集中起来，碰撞出更亮眼的火花。这是人尽皆知的道理，在合伙人制中更是体现的淋漓尽致。

我们知道一个人的智慧是有限的，精力也是有限的。一个人考虑问题难免会犯个人主观臆测的错误，考虑问题也有失全面，甚至会做出欠妥的、错误的决策。因此，独裁对创业和企业发展来说是十分不利的。独裁不仅让其他人觉得"领导英明"，不愿意给领导提出异议，更不愿意与领导对着干，即便是领导找其他人一起商议，大多最终还是会按照领导的意志做决策，这样的商议没有任何意义。

合伙人制很好地解决了创业过程中"智"的问题。合伙人都是公司的主人，为了公司的利益也为了自己的利益，觉得其他合伙人说得不对的地方就必须提出来，经过大家反复激烈的争论之后，形成的决策才是真正对公司发展有利的决策。

刘厂长是某饮料厂的厂长。刘厂长是个很开明的领导，身居厂长一职，按说大小事务都他说了算。可是他从不独断专行，遇到什么问题需要做出决策的时候总要听听各部门领导的意见。

之前，因为厂里资金困难，但又不得不更换老化的设备。这么大的事，得听听其他部门的意见，于是他把各部门的领导召集起来，想让大伙出出主意。

有的人说，老设备凑合先用着，真出了事再换；有的说贷款去买设备；有的说可以买二手的；有的人说，二手设备容易出问题，特别是移机之后更是不敢保证；有的说省那两个钱再老是出故障更麻烦；有的说二手的可买，但是得找机械师评估之后，达到标准了再买……人们七嘴八舌、众说纷纭。但是在刘厂长听来，他心里有了主意。他让大家安静下来，然后对各种观点的利弊进行了总结，然后说："我觉得某某说的先对二手设备进行评估，确保二手设备的运转情况符合指标，然后就可以购买，大家觉得呢？"

众人都在思考，觉得刘厂长和某某说得确实在理。眼下厂里经济困难，如果那个厂的二手设备物美价廉，的确不失为一桩好生意。

很快，厂里就组织了考察小组去考察二手设备。经过考察，那批二手设备的确是上等进口货，而且对方急于出手、价格便宜。刘厂长与众人就这样解决了问题。

刘厂长是个明白人，自己的思维能力是有限的，智慧也是有限的，但是大家集合起来就会想出更多的好办法。刘厂长懂得与大家合伙商量的好处，也非常重视与之合伙的重要性。他知道让大家一起想办法能让问题得到更快更好的解决。

合伙的确能够解决"智"的问题，但是怎么保证解决的质量呢？

尊重与信任，让合伙人敢于开口

要想让合伙人敢于开口、敢讲真话，首先就要让合伙人得到起码的尊重和信任。如果合伙人在日常经营中，得不到尊重和信任，他们也就认识不到自己对企业的重要性、感受不到自己存在的价值，自然不会认真对待企业的问题。反正，你们不信任我、不尊重我，那么我说与不说、说什么，还很重要吗？让合伙人产生了这样的消极心理就等于失去了一个有力的臂膀。

创造人人平等的氛围，不存在等级顾虑

有的合伙人生来内向、胆小怕事，在人前谨小慎微。如果让他觉得自己必须听命于谁、不能得罪于谁，那他也不敢开口。他害怕自己一开口说错了话，或者说了他人不爱听的话而受到排挤。只要在企业中淡化等级的约束、创造人人平等的氛围，才能让更多的合伙人敢于开口讲话、敢于讲出自己的真心话。

别人说的时候，认真听

既然我们希望合伙人都为企业发展献计献策，那他们说的时候，无论对错都要认真听。如果他们说错了或者说得有失妥当，就会遭到其他合伙人的进攻或者恶语相向，他们就不会再开口了。但若是无论怎样合伙人说话的时候，大家都在认真听，合伙人内心就会产生感激之情，也愿意与大家多多分享自己好的想法。

总之，让合伙人处于一个积极活跃的环境中，让其保持好的心态和状态，保持一颗全心全意为企业着想的心，他们就愿意为企业贡献自己的智慧，帮助企业攻克难关，使企业更上一层楼。

好处万千，但不包治百病

> 合伙人制虽然可以发挥人力资本的最大价值，但并不是所有的企业都适合采用合伙制的经营模式。
>
> ——名师学院创业导师 姜博仁

上文我们说了合伙人制的神奇之处，专治传统雇佣制的各种疑难杂症。但是合伙人制千好万好，也不能包治百病。这一点，从合伙企业的成败之处就可以看出来。

从万科、阿里巴巴和爱尔眼科等成功的合伙企业来说，各合伙企业的目标、对象、资金来源和模式都不尽相同，但它们的合伙人制都是适合企业的。我们一起来看看爱尔眼科的合伙人计划。

当年合作人股东和爱尔眼科医院共同出资开设了新的医院。爱尔眼科借此契机，准备在新医院达到一定的盈利之后，将依照相关的法律法规通过一定的方式以公允的价格收购合伙人持有的股份。

其目的就是通过此举对新医院的治理结构进行战略性调整，改变核心医生的生存环境，推动组织的效能升级，实现资源的聚合与共享，开创共创共享的大好局面，从而实现公司的创新发展和业务倍增。

爱尔眼科的合伙人计划就是要通过股权这根纽带，通过长期激励，有效地提高核心人才的积极性，同时吸引大批人才的加入，从而占据更多的行业资源，为公司的发展提供充足的优秀的人力资源保障。

第二章
互联网时代,合伙人制是"最贴心"的制度

爱尔眼科的合伙人计划的实质是"公司搭台、骨干唱戏,资源共享、高效激励"。爱尔眼科既要提升合伙人计划实现管理流程的优化,打造医生多点执业的创业平台;同时,打造积极的企业文化和有力的动力机制,借鉴国内、国外的先进经验,谋求尽早盈利和长足发展。

爱尔眼科采用有限合伙的方式,下属子公司作为合伙企业的普通合伙人,负责合伙企业的投资运作和日常管理。对于核心人才出资进入合伙企业的,会按照合伙协议规定的权利和义务履行自己的责任、享受公司的分红。

当然,爱尔眼科也对合伙人的出资规则、合伙期限、红利分配等制定了明确的规定。合伙人制度的转变给爱尔眼科带来了巨大的变化和收益。

爱尔眼科通过采用与公司相适应的、顺风顺水的合伙人制度,为爱尔眼科的大好前程打了基础。那么什么样的企业才适合合伙制呢?

通常情况下,知识型企业、初创期或战略转型期的企业、控制权稳定的企业、轻资产型企业都可以考虑采用合伙制。

对于知识型企业来说,合伙经营模式可以有效地协调资本与知识的关系,可以提高人才责任心和人才对企业的尽心程度,从而促进企业的稳健发展。

对于初创期或战略转型期的企业来说,授权、风险、自主创新、战略协作都是要面临的问题。而合伙人制有助于坚定员工的信心,让他们得到坚定的承诺,让他们的工作和行为获得股东的支持,保持他们对企业的热情和信心。

对于控制权稳定的企业来说,原始股东和合伙人之间已经达成了目标的一致性和利益的一致性,在此基础上,合伙人制才能保证企业的行动力和执行力不打折扣。

对于轻资产型企业来说,入股价格相对较低,假设同样的新增利润,

轻资产型企业的单股收益会更高。在这样的企业引入合伙人制，更容易得到合伙人的认可和加入。互联网企业基本都属于这一类型。

当然，合伙人制也不是任何企业都适用的。比如天花板企业，或者无增量企业也不适合合伙人制。

天花板企业一般处于衰退期，前途基本暗淡无光，在这个时候实施合伙人制一般不会有人买账。无增量企业也是同样的问题，因此，也不适合合伙人制。

曾经有一个节能灯生产与销售型企业，由于受到电商的强烈冲击，业绩每况愈下，员工也丧失了信心，公司销量增长乏力。该企业的老板参照了互联网大企业的合伙人模式，觉得合伙人模式可以激发员工士气，能让企业起死回生。于是大张旗鼓地制定了合伙人制度。

但是任凭这个老板的合伙人制度做得再有诱惑力，员工中的回应者也是寥寥无几。老板找朋友帮忙寻找其中的原因，朋友给了他几点忠告：第一，企业的经营状况实在不容乐观，员工看不到企业业绩再次突破的希望。第二，企业为员工制定的业绩目标过高，按照目前的能力水平，员工根本完不成，也就拿不到合伙人制约定的分红。第三，在企业每况愈下的情况下实施合伙人制，员工看不到盈利对制度的支撑，自然没有信心和热情。

案例中的企业就是没有认识到合伙人制的特色和实施条件，其合伙人制才没有推行下去。

现实中，合伙人制度虽然能给一些企业带来切切实实的好处和利益，但是合伙人制度并不是万能的，不能包治百病。在引入合伙人机制时，企业一定要衡量自身企业的情况，然后再量力而行。

第三章
合伙创业前,思维先行

做任何事情,思想先行很重要。只有有了正确的思想观念,才能用思想指引行动,从而实现目标。合伙创业也不例外。合伙创业前,必须经过合伙思维的修炼,用正确的合伙思维来指导合伙这件事情,才能让合伙更顺利,让合伙为企业创造更多的收益。

不合伙，事业干不大

放弃合作，就等于自动向竞争对手认输。

——卡耐基

都说小生意靠单干，大生意靠合伙，这话不假。想干大事就得合伙，不合伙，事业很难干大。

都说"无商不奸"。商人的聪明之处就是懂得与人合作，甚至是与竞争对手合作，把市场这块蛋糕越做越大。蛋糕越大，可分配的蛋糕越多，能分得的蛋糕也就越多。这样的结果就是多方获益、合伙共赢。

那么，为什么干大事业就必须合伙呢？我们都知道，单枪匹马闯天下的时代已经过去，单凭一个人的智慧和能力很难和市场上大大小小的竞争对手抗衡，只有将人才联合起来，把事业做强做大，才能不畏惧竞争，甚至一举击败竞争对手。

不合伙，你的世界只有自己目光所及之处

我们都清楚自己的智慧有多少，也清楚自己的能力有多强，但是我们无法估计这个世界有多大、行业可以走多远、未来的世界会是怎样一幅情景。我们的目光是有限的，视线所到之处，也许我们可以凭自己的能力暂时成功。但是天外有天、人外有人，我们的敌人也许就藏匿在视线之外，虎视眈眈地等待打败我们的时机。不合伙，你就看不到更远、更广的天地。只有合伙，借助众人的双眼，你的世界会变得更大。

不合伙，你的短板无从应对

世间万物都具有两面性，人也不例外。每个人都有自身的优势，也有自身的短板。但是光凭借自身的优势，我们很难在竞争中完胜，恰恰那些短板成了你的软肋，是竞争对手的突破口。若竞争对手真的在你的短板处痛击你，你怎么应对？若没有帮手帮你弥补这个短板，恐怕你只有坐以待毙的份。但若你有帮你弥补短板的合伙人，你们之间就会形成天衣无缝的强大的竞争体，竞争对手也就无从下口了。

不合伙，大而不强，当不成霸主

即便你靠自己的能力让创业项目成功落地，并取得了稳定发展。但是孤家寡人的皇帝不如群臣簇拥的相国。人家人多力量大，无论是规模、发展速度还是技术革新，都会走在你的前面。他们是几个人和你赛跑，跑在前面也不足为奇。他们人多势众，众人拾柴火焰高，成为这个行业的霸主也就顺理成章。不合伙，大而不强，就当不成霸主。

不合伙，就注定被合伙者消灭

不合伙，势单力薄，很难竞争得过合伙企业的群策群力。合伙企业若是不碰你，倒可以相安无事，但若有大企业想吞并你，或者就是直接抢了你的市场、断了你的资源，你也就只能哭了。不合伙，注定被合伙者消灭，至少这样的风险会更高。

刘龙是一个厨师天才。他精通法国菜系、中国菜系、荷兰菜系等各地名菜。他经历了各国进修深造之后，回到中国上海准备大干一番。

无意间，他的几个好朋友知道了他要创业开餐厅的消息，大家都认可他的厨艺，纷纷想要出资合伙。刘龙见自己的创业项目这么火，肯定是大家看到了有利可图，而且利润还不小，所以才来和他分一杯羹。他觉得自己的厨艺这么好，又有各国进修的经验，自己经营就可以了，何必让"肥水流入外人田"。于是刘龙拒绝了好友善意的合伙请求。

这时，刘龙的朋友们对他有些看法了。刘龙在繁华的街道上开了一家很有格调的餐厅，但同时他的朋友们也在附近开了一家高大上的餐厅，聘请的也都是名厨。两家餐厅开业就势均力敌。刘龙的餐厅格调很高、环境也是一级好，刘龙本人精通厨艺但对管理却差强人意，因此他的餐厅生意平平，店里并没那么热闹。

而刘龙朋友的餐厅却是人来人往，好生热闹。原来他的几个朋友分工合作，有的做管理、有的做采购、有的做财务、有的做员工培训。他们分工合作，工作起来有条不紊，让进店的顾客充分感受到了家一般的温暖和周到的服务，回头客比比皆是。

刘龙空有一身的好厨艺，却不懂得共创共享与人才合伙共赢，只想着自己赚钱。结果正是这种盲目自大让刘龙看不到自身的短板，也恰恰是败在了这处短板上。倘若他接受朋友的建议，与之合伙经营，他们的餐厅定会是另一番风光局面。

干大事业，就得合伙，集合众人的力量，才能在竞争的巨大冲击下站稳脚跟。

合伙是优势互补，不是个性克隆

君子和而不同，小人同而不合。

——孔子

在我国，一些人有很强的控制欲，他们总是想管控别人，总是想让别人按照自己的做事方式来开展工作，对于他人独特的处事方式，他们总是会挑三拣四，并企图对他们的行为进行纠正。而且，这样的人还要求他人的性格、爱好与自己一致，完全希望合作伙伴变成自己的克隆版。

容不下他人，就是固步自封；听不进他人的意见，就是给自己捆扎了牢笼。看不惯他人的为人处世，那就是无形中排斥了身边的人才，为自己的众叛亲离埋下伏笔。如果你对合伙人没有求同存异的肚量，那么劝你不要轻易合伙。

容不下他人，趁早不要合伙

既然是合伙，大家就会在同一个平台工作，工作难免有重叠或交叉。如果你鸡蛋里挑骨头，看不惯其他合伙人的行为，那就趁早不要合伙。不认同他人的行为，不认同他人的人格，与这样的人合伙共事，势必会摩擦不断、矛盾重重，又怎么能够和谐相处、友好合作呢？

合伙就是优势互补

之所以找合伙人，一定是看上了合伙人的某些优点，他们的这些优点能给企业的发展带来好处，同时能够帮助企业弥补短板、规避风险。因此，找合伙人就要找优势互补的合伙人，这样才能让企业汇集各方面的人才，让企业经营的各个方面都顺利进行。假如企业的合伙人都是财务方面的精英，却没有人懂技术、懂业务，企业的运作还是无法顺利进行，只懂财务的这些合伙人不能实现优势互补，企业就很难发展下去。

合伙必须求同存异

人与人之间一定有着不同之处，即便双胞胎也会有不同的性格和行为习惯。在找合伙人时，找到与目标任务完全相符的合伙人几乎是不可能的，总会存在这样那样的差异，但是只要合伙人的目标和价值观是一致的，是能够在某些方面为企业的发展做出贡献的，就不应该挑剔他的"异"处。毕竟，我们能做的就是接纳一个人，而不是彻底改变一个人。

在商战中，能够与合伙人求同存异、共同发展的先例屡见不鲜。

途牛网的发展也并非一帆风顺，几乎是两个创始人"吵"起来的。大家都说途牛网的创始人于敦德和严海峰一个像水一个像火，这又让大家联想到一句话"水火不容"。于敦德含蓄内向，就像温婉的水一样。而严海峰则热情奔放，像一团熊熊燃烧的烈火。两个人总是在"吵"，因为大事会"吵"，因为鸡毛蒜皮的小事也会"吵"。

但是他们的"吵"不仅没让二人之间的关系受到影响，反而是"吵"出了很多经营的真理，越是争吵越能挖掘事物的本源，越能解决问题。最终两个人会达成默契和共识。这是让大家最服气的地方。

再后来，两个人在"吵"闹中渐渐成了彼此的知己。对方还未开口，就知道他要说什么。两个人吵归吵，但都是为了企业的发展，"吵"出对错之后两人就会停战。而且两个人说话都是简单直接型的，从不拐弯抹角，有什么意见和看法也不藏着掖着，直接说出来开"吵"就完了。

虽然于敦德和严海峰性格上看似"水火不容"，但二人这一路一走就是十九年，也堪称合伙创业的一段佳话。

无论在什么领域，与人合作就是要取长补短、优势互补。与自己优

第三章
合伙创业前，思维先行

势互补的合伙人会增加我们创业成功的可能性。优势互补则意味着擅长的领域有所不同。

刘嘉航是太原一家计算机公司的创始人之一，同他一起创业的还有曲坤伟和袁绍华，他们三人被称为"创业三侠客"。他们之所以能够创业成功，就是因为他们三人各有专长、优势互补。

"三侠客"在大学时就是好朋友。但毕业后，迫于各种压力，三个人还是选择了各自就业。经过三年的历练，三人各自练就了一身本领。刘嘉航有着很好的计算机基础，在计算机领域小有名气；曲坤伟则积累了不少的业内客户资源，而且一直维持着良好的合作关系；袁绍华则精通财务，而且结识了各大银行的高管，掌握着重要的融资渠道。三个人都在为只能给他人打工、能力发挥有限而苦恼。刘嘉航首先有了创业的想法。他的想法被曲坤伟和袁绍华知道以后，得到了二人的极大支持和鼓励，并且希望一起创业。就这样，三人注册了一家计算机公司。

公司注册成立之后，三人各自发挥专长、大展拳脚，把他们的小公司一步步做大。并且由于三人分管公司的不同部门，优势互补，把公司打理得井井有条。

很快，他们合伙创办的公司就受到了投资界的关注。

案例中的"三侠客"就是通过优势互补实现了公司的快速发展。在创业过程中，可以找资金实力雄厚的合伙人来解决资金问题；可以找技术过硬的合伙人来解决技术难题；可以找资源丰富的合伙人来解决资源匮乏的问题；也可以找能力超群的人来解决能力问题。

总之，求同存异、优势互补，才会让你的合伙人团队变得无懈可击。

欲知彼先知己，弄清自己的分量

知人者智，自知者明。胜人者有力，自胜者强。

——老子

我们都说，找合伙人要找与自身优势互补的。可是什么样的合伙人与自身是优势互补的呢？我们如何判断合伙人能达到这一选择标准呢？做到这一点的前提是，先掂清自身的份量。如果连自己半斤八两都不知道，也就无法真正明确自己需要怎样的合伙人。

一个人的强大之处不仅在于战胜了多少对手，更重要的是能否认清自己、战胜自己。知道自己的优势和短板所在，能够不断强化自身的优势，弥补自己的短板，这样才能成为一个接近成功的人。我们都听过龟兔赛跑的故事，这个故事被人们讲述至今，已经出现了多个版本、多个结局。我们就来看看其中的一个版本。

丛林小动物要开运动会。在赛跑项目上，参赛的选手有乌龟和兔子。乌龟心想："完了完了，这下完了，兔子那大长腿跑得那么快，我这一步步向前爬，怎么能追的上它，比赛我肯定输惨了。"兔子心想："我虽然比乌龟跑得快百倍，但是跑到前面有条河，我又不会游泳，肯定过不去了。乌龟迟早要追上来，游过去，冠军就是它的了。"

乌龟在大树下唉声叹气，兔子则在乌龟的背后也哀声叹气。它们在思量着各自的情况和取胜的办法。这时候，树上的小松鼠看到了一筹莫展的乌龟和兔子，嘻嘻嘻嘻地笑了起来。它的笑声惊动了乌龟和兔子，二者同时抬起头来对着松鼠大叫："笑什么笑，我得不了冠军你也没戏。"

第三章
合伙创业前，思维先行

松鼠听了并不生气，还是笑嘻嘻地说道："我有办法实现你们的愿望，让你们当冠军。"

原来松鼠的办法就是：在前半段草地赛道上，兔子背着乌龟跑，二者同时快速到达河边。然后乌龟背着兔子游过河，二者同时到达终点，获得并列冠军。

乌龟和兔子都认识到了自身的优势和不足，为了获得冠军，二者决定听从松鼠的计划，合作双赢。而松鼠能够想出这样的高招也是建立在对乌龟和兔子的深入了解之上的。乌龟和兔子能够听得进松鼠的建议也是基于对自身的正确认识。由此可见，要想清楚地了解自己，就要做到以下几点：

就事论事地分析自己的优势

人人都有自身的优势和不足，这样的优势和不足在不同的人、不同的事情面前也许会颠倒过来，成为一种劣势。比如，你是一个十分爱交流的人，口若悬河。与一个比较拘谨的人交流，你们的沟通不会出现冷场，会很顺畅，这时候，能说会道就是你的优势；但若与一个和你一样喜欢发表自己见解的人交流，他也说个不停、你也说个不停，结果谁都没有听进去对方的话，而且还会因为对方胡乱插话，不给自己充分表达的机会而感到恼羞成怒。这时候你这能说会道的优势就变成了劣势。所以说，优势、劣势不能一概而论，要分清场合和针对的对象，就事论事地分析自身的优势和不足。

客观地自我评价

承认自己的错误是不容易的一件事情，这等于承认了自身能力的不足，是掉面子的事儿。为了面子和自尊，很多人会选择掩盖自己的错误，不能客观地进行自我评价，对自身缺点轻描淡写。他们对自己不真实的评价，会误导对方高估自己的能力，并给对方制造出一些子虚乌有的优势和特长，让对方觉得自己足够优秀。其实这并不是明智之举。一旦他人在合作中发现你说的那些"优点"都是假的、不存在的，不但会暴露出你当初的谎言，还会让他人觉得你是一个不诚实的人、很差劲的人。

所以，客观地进行自我评价即可。对于优点，着重去说明其对合作的促进作用；对于缺点，坦诚地说出来，但更重要的是说明弥补这些不足的方法，让人看到这些不足对合作并不产生影响，他们同样会给予你信任和尊重。

不夸大也不自卑

有的人为了给他人留下一个好印象，喜欢在他人面前夸大自己的长处，把自己吹嘘地很牛很牛；有的人在人前则过分谦虚，为了不承担责任或减少损失，表现得特别自卑。实际上，这两种人都没能正确地认识自己，这样做可能也得不到什么好处。夸大自己的人，其真实能力和水平迟早都会暴露出来，事到临头追悔莫及。自卑的人，也许会因为对自己缺乏信心错失发展的大好良机或合作伙伴，其实他是有这样的才能却不自知。因此，在衡量自身情况时，不夸大也不自卑才是正确的表达方式。

虚心接受他人的评价

俗话说，旁观者清当局者迷。的确如此，可能有些人不能很好地认清自己，不能很清楚地辨析自身的优势和不足，或者往往一叶障目。因此，旁人对自己的评价一定要虚心听取。因为旁人在评价自己的时候，可能只是作为一个旁观者，不带有任何的主观色彩和个人色彩，他们能够就事论事公正客观地对你做出评价。旁人对自己有好的评价时，要虚心接受，并认真反思自己是否还有可改进之处。旁人若是对自己提出负面的评价，也不要与之争辩、恶语相向，这样更是自毁形象。无论他人给出怎样的评价，虚心接受就好。

仔细审视自己的内心，你是否曾经在自我评价这个问题上说了谎。如果有，请尽快找到那个诚实自信的自己，对自己做出客观的评价，让自己清楚地认识自己，也让他人更好地认识你。

人人都是独一无二的，尊重合伙人的个性

> 不同的人会给你的生意带来新鲜的想法和观点，但是作为老板，应当明白，这需要建立在你允许的前提下，如果你总是反对，甚至扼杀新想法，久而久之，就不会有新的东西出现，企业里会全是"木头人"。
>
> ——管理咨询师　王荣增

对于这个时代，我们嘴边常常挂着一句话：这是一个日新月异的时代。日新月异没有错，这个词语很形象地描绘了这个时代的特征。但是这个时代为什么会变得日新月异呢？原因就是这个时代中的每一个人、每一个事物都是独一无二的，找不到完全的重合，人们各有各的个性、事物各有各的特征。

在这个时代，彰显个性是人们的本能，是人们的内心需求，更是时代的呼唤。没有人再通过某种力量来实现社会的大一统，也没有人愿意被改造或强制成为他人的同质品、复制品，甚至是克隆品。人们努力地生存在这个世界上，就是为了让自己的个性变得更有价值。

这个道理同样适用于合伙企业。在合伙企业中，你可以要求合伙人的目标和价值观与你大致相同，但不能要求他与你有着同样的个性和脾气。你可以要求他遵守公司的规章制度，但不能管控他完全按照你的意志去活。

对于合伙人的个性，你必须以尊重的态度对待不能过分强调，不能过分纠正，更不能过分否定。不尊重合伙人的个性，就等于不尊重合伙人的全部。

合伙人制度：颠覆传统企业模式的公司治理实战全案

张某在一年前成为了深圳某企业的合伙人，他最大的本事就是可以在客户关系管理方面让客户的流失率几乎降到零。但是张某也有一些小"毛病"，焦虑、心情不好或者需要思考的时候，他总是喜欢吃零食缓解压力，张某的办公桌抽屉下经常是备着满满的零食。然而，公司制度明确规定上班时间不能吃零食。于是张某只能偷偷吃。

有一次，一个非常难缠的客户来到了张某的办公室，态度非常恶劣，其实只是因为原材料供应问题，导致交货时间晚了几天。客户在他办公室吵个不停，但是张某并没有生气，也没有急着解释，而是耐心地等客户发泄一通。客户愤怒地不停地说着，但是当她发现张某桌上的小零食的时候，不经意地拿起一块饼干塞到嘴巴里用力嚼了起来。趁客户喘气的机会，张某从抽屉里拿出一些甜品小零食递到客户面前，又给客户倒了杯温水，然后才开口："对不起，来，您先别激动，先尝尝这个饼干怎么样，昨天朋友从韩国带回来的。"客户没有客气，又拿起一块小饼干很生气地放进嘴巴里，可能是饼干的香甜让客户安静了下来。张某坐在客户的对面，也吃了一块小饼干，然后与客户交谈起来："这饼干怎么样？您是第一位在我这吃到这饼干的客户。"客户没有理他，而是沉默地坐在那。张某赶紧抓住机会，说："对不起，我们的确没及时给你送货。确实是因为供货商那出了问题，耽误了点时间，给您带来的不变和损失，我感到非常抱歉，对不起。"客户见张某说了软话，情绪也稳定了下来。张某答应送他几个公司的小礼品表示歉意。这件事才算了结。

临走的时候，张某又送给客户一包同款饼干。客户终于露出了笑容。

这一幕正好让公司的大领导看见了。大领导不但没有批评张某，反而说，以后别自己买了，公司给买。从此之后，公司把不能吃零食的规定取消了。

张某是个很有个性的人，不仅没有遵从公司的规定，反而一直在坚持着自己的小习惯。但也许正是张某的零食稳定了客户的情绪，挽回了客户的心。如果张某的领导是一个不尊重员工个性的领导，也许张某这一行为就要受到处罚了。尊重合伙人的个性，合伙人的能力就能得到更好的发挥。

统一指挥下允许自由发挥

公司的运营必须有人把握全局、统一指挥。但是统一指挥并不是要所有人的工作方式都一个样。在将任务分配给相应的人之后，要给责任人留下自由发挥的空间。如果他只会使用这种方法完成工作，而你非要他按照你的方法去完成，那结果只能是越做越糟。给合伙人一定的自由发挥空间，不仅是对他们的信任和尊重，而且也能增强他们的自信心。

方法不重要，结果好就行

合伙人用什么方法完成工作，那是他的事，只要他能给公司一个满意的结果就行，毕竟结果才是最重要的。因此，对于合伙人的处事方式，可以监督但不能过多干涉。也许他用自己的方法可以做得更好。

步调一致只会让跑得慢的人拖后腿

公司的领导都喜欢大家步调一致、整齐划一。但毕竟人的能力有所差别，要求能力强的人与能力差的人步调一致，那能力强的人的工作速度势必要慢下来，而能力差的人未必能快速提升，这势必会拖大家的后腿。

不要试图拴住年轻人

年轻人是思维活跃、敢想敢干、勇于创新的一代人，因此千万不要试图拴住年轻人。年轻人就像草原上的骏马一样，他们更喜欢在草原上驰骋。你若硬要把它拴在马厩中，他也会挣脱缰绳跑出去。所以，对于年轻的合伙人，不要为他树立太多的条条框框，不要试图用某些东西困住着，这样无异于在扼杀他的积极性和创造力。

总之，对于独一无二的合伙人，要充分认识其个性之处，只要不给企业和其他合伙人带来损失，就不要过分管束他的个性，要充分尊重他的个性。

面对人才，要面子还是要人才？

当你放下面子赚钱的时候，说明你已经懂事了。当你用钱赚回面子的时候，说明你已经成功了。当你用面子可以赚钱的时候，说明你已经是个人物了。当你还停在那里喝酒、吹牛，啥也不懂还装懂，只爱所谓的面子的时候，说明你这辈子也就这样了。

——李嘉诚

人才都有一招鲜。这一招肯定是他的看家本领，他会你不会。面对这样的人才，你会不会不敢上前，怕对方笑话你没本事，连这都不会？你会不会已经看不起自己，居然这都不会，还要请他帮忙？你会不会觉得找来一个比自己厉害的人，是一件很没面子的事情？

有的人认为找到比你更有才的合伙人，可能会无法驾驭他。这种想法普遍存在，也促使很多人选择与比自己弱一些的合伙人合伙。其实人才能力的高低与你能否驾驭人才并无直接关系，对于比你能力强的人，通过合理的方式，你也可以驾驭他，而且这样也会让自己有面子。

关于面子的事，我想说面子就是一种"自认为"的东西。可能你觉得这样好，这样做有面子，而他却觉得那样做好，那样有面子……人们所认为的有面子的标准并不完全相同，但无非就是胜人一筹、压人一等，或者得到了他人的认可和褒奖等。你觉得人家比你有才让你没面子，我却觉得我能让更优秀的人才进入公司工作，这是公司的魅力，这才是有面子。

第三章
合伙创业前，思维先行

小张和小王合伙开了一家教育培训机构，开业三年以来，运营还算理想，稳赚不赔。近期，二人有了扩张的打算，想着在新办的公立小学附近再开一家连锁培训机构。但这个培训机构只教美术和舞蹈这两类艺术课程。

小张和小王都是数理化人才，本身对美术和舞蹈不是很懂，需要有一个专业人士合伙经营才放心。于是他们把各自的朋友圈都翻了一遍，发现还真有这个人。原来他们的目标人选是二人的初中同学乔娜。乔娜自小喜欢艺术，也一直是学校的艺术特长生，曾经在专业的舞蹈学院学习舞蹈并获得了多项殊荣，在当地颇有名气。

乔娜演出的出场费都已经达到了小明星级别，而且还自掏腰包办了自己的画展，这么一大红大紫的人，怎么请得动呢？想想当年他们在一个教室里上课的时候，小张和小王还经常嘲笑乔娜的成绩不好，笑话她没前途。如今乔娜过得比他们滋润千倍万倍，这尊大佛会跑到他们的小庙里来吗？乔娜会不会笑话他二人人生落魄呢？

两个人虽然很纠结，但还是硬着头皮约了乔娜吃饭。没想到乔娜对于两位老同学的项目非常感兴趣，她也很想把自己的才艺传授给更多的人，正愁没有一个合适的平台呢。乔娜没有拘泥、没有为难、没有摆架子，二人的担忧完全是多余的。

约定好合作细节之后，三人便紧锣密鼓地操办起来，选址、装修、试营业、正式营业，一切都进展顺利。

不得不说，乔娜完全没有"明星"的架子，给了小张和小王很多实用的建议，而小张和小王也放下了面子、重拾了信心。三个人各施所长，把新的培训机构经营得风生水起。

小张和小王在乔娜这个人才面前，起初有点放不开，怕遭到乔娜的拒绝丢了面子。但为了能与这位人才合伙，二人还是放下面子与之坐到了谈判桌上，结果就是三人意见达成了一致。

回想李嘉诚的那句经典语录，我们要清楚地认识到自己处在哪一条水平线上，并且要知道如何权衡与面子有关的问题。在面子和人才之间，你应该做到以下几点：

面对真正的人才，给足他面子

如果遇到了企业发展急需的人才，并且确定他就是合适人选，给足他面子他就会心甘情愿做你的兄弟。有才的人一般都爱面子，给他超出预期的回报、特殊的福利关怀、一个华丽的头衔、一种深厚的情义，这都可能让人才觉得跟着你倍儿有面子。为了持续这种"荣耀"，他会死心塌地地跟着你来换取这种面子。你们可谓各取所需、互相成全。

你可以不要面子，但必须要控制权

有的时候，人们在找合伙人时，往往害怕合伙人的本事超过自己，难以对其驾驭和控制。这种失控的情况是存在的。所谓鱼与熊掌不可兼得，如果必须做出选择，宁可丢了面子，也不要丢掉对公司的控制权。失去了控制权就等于失去了这家公司。

如果你的面子换不来钱，就换人情

李嘉诚说，当你靠面子赚钱的时候，你就已经是个人物了。但是很多时候，钱并非那么好赚。如果用面子换不来钱，不如换点人情。用你的面子为他人争取了利益，他人就会感激你，懂得感恩的人就会回报你。都说人情债是最难还的债。如果你成了人情债的债主，积少成多，挣回面子是迟早的事。

综上所述，在人才面前，面子没那么重要。得到人才、驾驭人才才是一切之根本，如果能做到这一点，放下面子又何妨。在生意场上，宁可丢面子也不要丢掉权益。

合伙不成仁义在，好聚好散

话说天下大势，分久必合，合久必分。

——《三国演义》

俗话说，买卖不成仁义在。在合伙经营中，也要有同样的气度。可以这样说，在决定合伙的时候就注定了要散伙。合要合得痛快，散要散得坦荡，好聚好散才是散伙的硬道理。

合伙的理由有很多，散伙的理由也可以有很多。

多次沟通无法解决的矛盾

合伙人之间存在小矛盾、小摩擦是在所难免的，但是若是这些问题不能通过沟通得到很好的解决，这样的合伙可能就会导致合伙人关系的破裂，散伙也成了必然。

合伙人的能力达不到要求

合伙时，信誓旦旦说自己可以做到很高境界、能给公司带来重大贡献的合伙人，在实际工作中，并没有表现出对等的才能，甚至连一半都不如。这样的合伙人继续留在公司也不会有多大的价值，而且还会引起其他合伙人的不满，会让其他合伙人感到不平衡。对于这样的合伙人，终止合伙是必然的，而且越早越好。

对企业的付出过少

注意，付出和成效是两码事，有时候不一定成正比。先不说合伙人对企业的价值有多大，单单从其平日付出的表现上来看，如果你每天工作 3 个小时，而其他合伙人每天工作 8 个小时，这就会引起他合伙人心中的不平衡感，进而矛盾也会出现。这样的合伙关系，散伙也是迟早的事。

合伙人过分自我、无可救药

创业都是艰难的，合伙人需要有过人的付出和才能，自吹自擂、自高自大的合伙人对于创业来说毫无意义。雷军能够被称为"雷布斯"，但你不是王布斯、李布斯，若你非要认为自己能力通天，这就是自恋了，这样的人太过注重自我，但在异常残酷的创业过程中，分分钟都会让你的这种自我感觉良好的状态崩塌。面对这种合伙人，散伙也是最好的选择。

不能形成优势互补

合伙人必须是有才能的人，但如果这位合伙人与其他合伙人的才能相近，同是针对某一个专业或领域，只能导致这两个合伙人的内部竞争，引起二人之间的矛盾。如果这样的合伙人没有其他的才能，就要考虑与之散伙了，让更有才能的、能与合伙团队优势互补的人才进入团队。

很显然，徐小平和王强的离开是因为新东方的内部矛盾，但他们的散伙可以称得上是好聚好散的典范，三个人的情谊依旧保持着。散伙就得如此，好聚好散才是正道。当然，做到这一点并不容易。

合伙之前就把散伙的事情谈好

好不容易找到了合适的合伙人，还没大干一场，怎么能先谈散伙呢！如果你存在这样的思想，那就大错特错了。散伙同样是合伙的重要组成部分，提前约定与散伙有关的事宜，可以免去合伙人的后顾之忧，可以让合伙人更加放心大胆地与你合作，同时也可以让企业避免因为散伙而产生纠纷。

有效行动，理性散伙

无论你是自动退出，还是因为对这次合伙"水土不服"而被罢免，行动起来都不要磨磨唧唧、拖泥带水，也不要死缠烂打、蛮不讲理。除了提前约定散伙事宜之外，人的人品和行事风格也很重要。顾全大局，懂得尊重和谦让，才能做到理性散伙。

在散伙时对簿公堂的企业不在少数，也给我们留下了深刻的教训。为了避免这样的情况发生，就要先做坏人再做好人，在合伙之前就把散伙的丑话说在前面，和平"分手"，好聚好散。

第四章
12条金规让你找到最佳合伙人

找合伙人是件大事,不能盲目行动,更不能盲目决定,因为只有最佳的合伙人才能让合作顺风顺水。若是没有找对合伙人,不仅不能为企业创造更多的价值,还会给企业带来负面的影响。因此,找合伙人要讲方法、守规矩。

找合伙人需要70%的时间和100%的真诚

很多人都说,找合伙人太难了,但我觉得很简单,你找不到人只是因为你花的时间不够多。

——小米创始人 雷军

有的人认为,公司的事务都忙不过来了,哪有时间找合伙人,差不多就行了。有的人认为交给猎头公司,他们是专业的,这些事情不用亲力亲为。还有的人认为找合伙人的过程就是一场心理博弈,双方都是各怀心思,谈拢了就合,谈不拢就分。有的人认为找合伙人很难,而有的人则认为很简单……

关于找合伙人的事情,众说纷纭。可能不同的人会采取不同的方式、通过不同的渠道去寻找。但是有两点是共同的:一是肯花时间,二是真诚。

小米的雷军曾经说过,他创业的时候70%的时间都在找合伙人。雷军之所以花这么多时间找合伙人,是因为他意识到了合伙人的重要性。人是事业获得成功的最根本的原因,找对人是对成功的源头上的保障。

小米创立之初,是一家规模极小的公司,也没有自己的产品。在这种情况下,如何获取优秀合伙人的信任,如何组建高效率的创业团队成了雷军的第一大难题。

没有捷径,只有下苦功夫。在小米成立之初的半年,雷军会花70%的时间去找人。对于雷军来说,最难搞定的就是硬件的工程师,在硬件

第四章
12条金规让你找到最佳合伙人

方面,雷军是个门外汉。雷军找人靠的就是实实在在的"笨"方法——不放弃的韧劲。硬件是关系到小米产品成败的核心问题,在这么重要的问题上,他坚持用最好的。于是他把硬件工程师的备选人员列了长长的一个表单,然后一个一个打电话沟通,一个一个去谈。

那个时候,雷军每天做的事情就是打无数个电话、见好几个人,一遍遍自我介绍、一遍遍地和对方阐述他的事业和宏伟蓝图,一遍遍地请求面谈机会。他恨不得从早上睁开眼谈到半夜一两点,但他一直坚守信念,宁缺毋滥。

为了找到合适的硬件工程师,雷军连续打了90多个电话。当他把目标人选约到办公室之后,几位合伙人与之连续谈话近12小时。最后还是雷军的机智幽默让对方折服了。

当然,这并不是唯一一位被雷军约谈超过10小时的合伙人。类似的情况在小米出现过好几次,甚至一周之内雷军就与同一个目标合伙人约谈五次,每次都不低于10小时,连续三个月下来共与同一个人约谈近20次。为什么这样的人最后没成为小米的合伙人,其中的原因我们现在不去挖掘,就看雷军这种肯花时间挖掘合伙人的执着,着实让我们佩服。

雷军在寻找优秀合伙人方面可谓不遗余力。除了雷军之外,360的创始人周鸿祎认为找合伙人比找老婆更难,因此,他也会花很多时间去找合伙人,58创始人姚劲波也会花不少时间去"找人"。

肯花时间是一方面,找合伙人还要付出100%的真诚。我们之所以需要找合伙人,是希望合伙人能在企业经营的某些领域解决问题,并做出贡献。因此,带着这样的心理去找合伙人的时候,内心必须是真诚的,敬重对方的人品,认可对方的智慧和能力,让对方感受到充分的信任和自身责任的重大。这样人才才愿意与你合伙。李开复曾经真诚地邀请一位同学加入微软,这份真诚持续了好几年才最终实现。

1998年，李开复刚刚加入微软的时候，就希望把他一个技术过硬的同学请来微软一起工作。当时他的同学在IBM工作，负责IBM的"深蓝计划"。虽然被拒绝了，但李开复并没有灰心，而是耐心地继续等待时机。

李开复的第二次被拒，还是因为这个"深蓝计划"。

等老同学的"深蓝计划"结束后，二人再次见面。李开复赞赏而又真诚地说："很不错，你已经打败世界冠军了，要不要来我们这边？"老同学说："不行，公司还有项目，还需要我。"

IBM"深蓝计划"项目结束后，团队也解散了。李开复觉得这次邀请肯定是万无一失了。没想到同学又想谈恋爱了，要去加州找女朋友。

等他们加州再见的时候，老同学正在热恋中，根本无心工作。

忘记被拒绝了多少次，但李开复还是穷追不舍。

终于有一天，老同学告诉他："我要结婚了，我太太要去北京工作，现在我可以去你那儿了。"至此，李开复终于把这位老同学请到微软来了。

在整个过程中，李开复一直保持着对老同学的真诚和尊重。经过几年的坚持，这份真诚终于收获了期待已久的果实。如果李开复对老同学的邀请不是真诚的，那么在遭到第一次拒绝之后，他可能就会放弃，进而将目光转向其他人。

我们在寻找合伙人的时候未必要像李开复这样苦等几年，若你的企业急需某个方面的人才，可能等不起，但是交流过程中的真诚是必不可少的。真诚能够让对方感受到你的诚意和尊重，进而对你和你的企业产生感情，想去帮你。

在创业初期，多花时间去找合伙人，多与合伙人沟通以便互相了解。在这个过程中，真诚交流必不可少，真诚也是你吸引人才的强大磁场。

主动出击才能掌握主动权

与其坐以待毙，不如主动出击。

——吴成务

有些人会觉得，我不能主动去找别人帮忙，那样别人会觉得我有求于他，他就会跟我提出更高的回报条件，或者看不起我。存在这种心理的人，往往喜欢守株待兔以及送货上门式的人才招揽方式。他们不懂得主动出击，更不懂得人才稍瞬即逝的可贵。

在找合伙人时，如果你也存在这样的心理，那只会让人才与你之间产生隔阂与鸿沟。找合伙人也要学会主动出击。

世界之大，竞争的激烈说明人才可选择的去处有很多，凭什么你坐在办公室无所作为，人才就会送上门来。刘备作为一代帝王请诸葛亮出山仍会三顾茅庐，何况你只是一个初创企业者。守在办公室里没有人会知道你是谁、你是干什么的，也没人知道你会与他产生怎样的关系。只有主动出击、走出去与人才不断沟通和交流，才能获得人才的信任与青睐。

从最近处开始，发动自己的朋友圈

朋友圈是离自己距离最近的一圈人，找合伙人就可以从朋友圈开始。打开通讯录，把你创业的想法告诉他们，听听他们的意见，顺便联络一下感情，看有没有人愿意支持你、与你合伙。如果有人主动请求合伙，那就对他们的方方面面进行仔细地掂量。符合你标准的就进一步详谈，不符合标准的就婉言拒绝，但千万别伤了感情。若是有你看上的人，那就主动出击，哪怕软磨硬泡也要达成目的。

若是自己的圈子里没有合适的人选，那就求推荐。请自己朋友圈的熟人推荐合适的人选也不失为一种好的方法。熟人介绍的人，关系还不算远，有熟人在中间帮忙，沟通会事半功倍。而且经熟人介绍，他不会向你介绍一些乱七八糟的、没有真才实学的人，他介绍的人一般都比较靠谱，是那种即便不适合合伙也可以做朋友的那种。

2016年，王伟创办了一家家居生产与销售公司。但是没过几天，生产部门的技术负责人就因为母亲重病在床而离职了。没有技术骨干，生产频频出问题，王伟迫切需要一位懂技术、有责任心的合伙人来帮他分忧。但一时间，王伟又找不到合适的人选。于是在一次同学聚会上，王伟把自己的苦恼告诉了同学们。其中有一位同学激动地说："哎呀，兄弟，你早说呀，我媳妇他哥就干这的。前阵子因为家里生孩子就没上班，现在孩子大点儿了，媳妇身体也养好了，正想出来找个地方大干一场呢。"

王伟通过这个同学了解了基本的情况，第二天就专程跑到目标合伙人的老家去谈合作。王伟在这个目标合伙人家中看到了让他眼前一亮的家具，这些都是目标合伙人的杰作。王伟心想，有戏，多亏了这位老同学。

经过详谈，王伟对这位合伙人的理念和做事风格赞赏有加，这正是他要找的人才。二人当场即谈定了合伙条件，也很快就签了合同。

王伟通过同学的引荐找到了心仪的合伙人。可见熟人介绍对于寻找合伙人还是很有帮助的，比大海捞针要强千倍万倍。

多联系，联系多了路好走

就像雷军找合伙人时不停地打电话一样，找合伙人就要多跟外界联系。无论是通过电话，还是亲自上门拜访，甚至是其他形式，经常联系、

第四章
12条金规让你找到最佳合伙人

多联系就不会让人与人之间的关系淡化,就能在用人之际有人可用。如果两人之间缺乏联系,有事就临时抱佛脚打个电话或见个面,相信愿意帮助你的人不多。

另外,与陌生的目标合伙人交流,你要勇于拿起电话,说出你的请求,表达你的真诚,这样才能为自己赢得更多的机会。

主动出击,更能赢得人才的好感

你的主动对目标合伙人来说就是一种尊重和赞赏,你主动找他,说明你看得起他、信任他,他会更有满足感,也能让他感受到你的诚意和尊重。你的这种主动会给对方留下良好的第一印象,让他觉得你是个勤奋的、有决心做事的人。

即便最终没能合伙,或许你还会从对方那里得到一些不错的建议或意见,这对你事业的成长也是有帮助的。

在如今这个高速发展的时代,酒香也怕巷子深,如果你不自己走出去为自己宣传、为自己呐喊,即便你有再多的才华、再好的创意也会被淹没在人海的喧嚣之中。记住,在这个时代,谁主动谁才有资格成为成功者。

行动前,先明确合伙人的标准

凡事预则立,不预则废。

——《礼记·中庸》

人们都说不打无准备之仗,意思就是无论做什么事情,做事之前都要做一定的准备,这样更有利于取得成功。的确,各行各业都如此,找合伙人也不例外。在找合伙人之前,你也需要做一定的准备,比如先想清楚要找的合伙人需要具备哪些特质、什么样的合伙人坚决不能选择。

首先,合伙人与你要有一致的价值观和目标

价值观一致、目标一致是合伙人能走到一起的前提。如果你们的价值观都是相悖的,两个人的劲不能往一处使,自然也就无法共事。即便是勉强走到一起,那肯定也是矛盾重重,争吵不断。

其次,合伙人的人品要好

合伙人的人品很重要,能力强不强倒是其次。合伙人的人品好,他就会是一个信守承诺的人,不会欺骗你,或者不会为了个人利益处处与你为难,更不会因为一点点风险就与你分道扬镳。人品好的合伙人就像一个知心爱人一样,会处处为共同的利益着想,小心呵护着你们共同的事业。

再次,能够与你同甘共苦五年左右

创业初期,企业的发展会异常艰难,各种各样的险境也会接踵而至。因此,你要找的合伙人必须有信心和决心能够与你一起扛过创业初期的风风雨雨，无论遇到怎样的困境都不退缩。合伙人必须是能够与你同甘共苦的人，因为合伙不光是为了利益共享，更是要风雨共担，这个过程可能长达三五年，甚至长达10多年。没有毅力、胆小怕事、可能会中途散伙的合伙人根本靠不住。

最后，创业的雄心不能少

如果合伙人来到你的企业就是为了赚钱生存、解决温饱，这样的合伙人与雇佣制中的员工无异。他不会真心付出，更不会拼尽全力。创业的雄心对合伙人来说是必须要有的，有雄心才有壮志，有壮志才有激情和动力。

当然，除了以上这些标准，合伙人加入合伙团队还需要有一定的资本。无论是何种形式的资本，只要能够实现合伙人与企业的利益捆绑，就可以对合伙人形成有力的约束和激励。

孙斌和李明从小就是要好的同窗，在一次同学聚会上，二人萌生了创业的想法，事后经过二人仔细地商量，他们决定共同出资办一家制药厂。

孙斌管理经验丰富，而且销售渠道甚广。药厂开始运行之后，孙斌担任药厂的董事长，主要负责对外业务。李明的技术过硬，主要负责药厂的生产事宜，担任药厂的总经理。

孙斌和李明分工明确，配合也很默契，二人之间从未出现过不和谐的现象。他们想的就是赶紧让药厂发展壮大。在他们的共同努力下，药厂很快就完成了上市，并且具有了上亿的年收益。员工们都说董事长和总经理就像亲兄弟一样，没有等级之分，任何一个人都可以对药厂的大小事务拍板做决定，但更多的时候还是二人商量着来。

孙斌是一个果敢的人，大小问题他都能看得很透彻，也敢于果断做出决定。但李明是一个慢性子的人，稳健中略带着犹豫不决，因此遇到事情李明找孙斌商量是常有的事。

眼看药厂的部门和人员越来越多，市场越来越大。为了对药厂进行更好的管理，孙斌制定了一系列的管理方面的规章制度。但就因为这套制度，让孙斌和李明之间开始有了矛盾。原来李明的性格让这些制度的推行受到了很大的阻力。李明的性格比较稳重，优柔寡断。制度刚推行的时候，有的员工适应不了，总是违反制度，但又不愿意接受处罚，于是就去找老好人李明说情，想免受处罚。李明觉得大家辛苦工作都不容易，刚开始犯错误一次两次情有可原，事情也就这样过去了。可是免受处罚的员工就抓住了李明的弱点，并不把新的规章制度当回事。这给药厂的管理带来了很多麻烦。

孙斌与李明开始有了争吵，而且越来越厉害。

在上面的案例中，李明这位合伙人的性格存在一定的缺陷，这给药厂的管理带来了危害，也给合伙关系带来了矛盾。

实际上，找合伙人的时候，要对合伙人的情况进行综合考察。切不可只看中了合伙人的一样特质就断定"他就是你要找的人"。也许合伙人的某项专长的确能给你的企业带来价值和利益，但是他的缺点也可能让其他合伙人无法容忍，甚至给企业带来危害。

此外，贴心的合伙人应该具备良好的合作态度，服从公司的制度、服从管理，在工作上积极表现，为其他合伙人及员工树立榜样。同时要协调好与其他合伙人的关系，鼓励大家充分发挥自身潜能，为大家的共同利益而奋斗。

合伙人的沟通能力也很重要。因为合伙企业的经营并不是一个人的独断专行，而是需要合伙人一起商量着来。良好的沟通能让合伙人之间的合作更加愉快，尽量减少矛盾，良好的沟通也是化解合伙人之间矛盾和误解的工具。

总体来说，找合伙人不可草率。行动之前，一定要清楚你要找的合伙人是一个怎样的人，然后就奔着这个目标去找，少一条都不行。找合伙人，宁缺毋滥。

尽量从企业内部培养和挖掘合伙人

如果你创办的这个公司,在后续的发展中,80%的合伙人不是来自公司内部,那你的公司一定有问题。

——名师学院创业导师 姜博仁

每个公司的创立和发展都需要他人的帮助。抛开最初的创业合伙人不说,在公司的发展过程中,势必会有人才加入进来,经过公司的培养和锻炼,也会让一些能力平平的员工成长为重要的人才,甚至成为公司的合伙人,比如优秀的技术人才、骨干人才、管理人才等。

每个公司其实都是人才济济,就看谁能慧眼识得近在咫尺的英雄。现实中,一些企业的管理者说起人才的话题就会"哭穷",觉得自己企业中尽是庸才,都不能委以重任,然后还要加大力度宣传,动不动就要从全球范围内招揽人才。

这样的管理者,并不知道从内部提拔和培养人才的重要性,也不知道从外部招人的弊端,更不知道从企业内部培养合伙人的重要性。

外部招来的合伙人不一定就好,为什么这么说呢?因为外部的人才初与本企业接触,一般都会存在"水土不服"的现象,而且需要一定时间的适应过程。因此,从外部招揽合伙人不仅会增加公司的人才成本和经营的时间成本,而且还会增加人才的风险,万一外部的合伙人无法适应公司的情况,没多久就辞职了,这对企业来说是既浪费金钱又浪费精力,可谓人财两空。

但是从公司内部挖掘和培养优秀的合伙人就不一样了。公司内部的人才对公司有情感基础，对公司的发展情况也相对了解，不需要再重新熟悉、适应大环境，也不会给公司造成风险。

此外，培养和挖掘公司内部的合伙人还有以下几点好处：

激起员工的感恩之心

公司培养、挖掘、提拔优秀合伙人，就会让其对公司产生强烈的感激之情。你接受了更多的培训而他没有，说明公司更重视你。甚至你加薪了而他没有，说明你比他优秀，更具有潜力。公司看到了你的才能提拔了你，而没有提拔那些好吃懒做的人，说明公司是知人善任的。但无论怎样，你在公司取得了进步、得到了成长，收入也增加了，生活更好了，自然会感激公司提供的平台和机会。感恩可以让人才想通过更多的努力回报企业。

让员工看到晋升的希望与渠道

公司提拔的人毕竟是少数，但确是员工的榜样。这些人被提拔成为公司的合伙人，也让后来人看到了晋升的希望和渠道，让他们看到在公司努力工作会有怎样的前程，以及怎样做、达到怎样的水准就会收获怎样的机会和平台。有了希望、目标和标准，工作起来目的性会更加明确，也会让自己的职业生涯规划变得更有可行性。

激发员工的干劲儿

公司对内部人才进行培养、挖掘和提拔，这些人就会感谢公司的知遇之恩，从而干劲十足。而对于没有被提拔的人，面对这种晋升和原地踏步的落差，他们也会进行自我反思，会找到自己落后的地方，从而想办法赶快追上来，以期晋升机会的来临。无论是哪类员工，公司对内部人才的赏识都会增强他们工作的积极性，激发员工的干劲儿。

增强人才对企业的忠诚度

优秀的人才得到了提拔，或者成了公司的合伙人，他们就会更加忠诚，因为他们成了公司的主人，主人翁意识会激起他们强烈的责任感和拼搏精神，使得他们在这里看了自己存在的价值，能感受到自己是非常有用的人。

可以说中国平安是最早实施员工持股的中国企业之一。早在20世纪90年代，中国平安就曾推出"员工受益所有权"计划，这个计划主要针对的是公司部门负责人等中层主管和部分资深专业技术骨干，也就是要让这一批人才成为公司的合伙人。中国平安的"员工受益所有权"计划一出，便得到了员工的积极参与，整个活动计划也是高潮不断。但是到2010年，员工所持股份开始解禁，不少员工陆续退出实现收益。

2014年10月，中国平安又宣布设立核心人员持股计划，主要针对符合条件的1000名左右的核心人员，并且鼓励管理层及骨干员工自愿以其薪酬及业绩奖金增持公司股票。中国平安的这一员工持股计划历经两年多的时间，截止到2017年3月29日已完成认购。

中国平安实施员工持股计划的目的就是为了更好地激励员工。"另外，制定这个计划，建立健全公司长期业绩表现的激励约束机制，调动管理层和核心员工的经营能动性，能刺激公司长期健康发展。"中国平安的管理层人士如是说。

中国平安的员工持股计划是深得人心的，它让员工看到了更好的前景和未来，同时产生了与中国平安同呼吸共命运的主人翁意识，从而使企业内部涌现出大批优秀人才，让中国平安焕发了更强大的生命活力，有了更辉煌的业绩。

由此可见，公司内部的人才比比皆是，要充分重视内部人才的强大力量和对他们的激励。内部合伙就是很好的激励员工的方式，而且对公司来说，从公司内部物色优秀的合伙人更有利于公司的长远发展。

多渠道综合考察目标合伙人的人品

欲做精金美玉的人品，定从烈火中煅来；思立掀天揭地的事功，须向薄冰上履过。

——洪应明《菜根谭》

在前文，我们曾说过人品是评判合伙人的标准之一。人品好是成为贴心合伙人的先决条件。好的人品是合伙人之间互相信赖的基础，也是合作共事的前提。如果你的合伙人人品有问题，想必你们的合伙也不会顺利。没有好人品的合伙人就像一个定时炸弹一样，今天出点这个问题，明天出点那个问题，总是无法消停、不得安宁。

因此，在选择合伙人时，一定要慎重考察目标合伙人的人品。那么我们如何才能尽快地、准确地确定对方的人品呢？

网络搜索

互联网的发达似乎让这个世界变得更加透明，信息化的发达也让网络成了一个巨大的宝库，里面的信息应有尽有。如果你的目标合伙人曾经取得过举世瞩目的成就，或做过一些不堪的事情，都难逃网络媒体的火眼金睛。你可以试着在网上输入合伙人的名字，也许网络会呈现给你不少的信息，甚至个人简介都会爆出来，但要注意，网络上的正面新闻可能都存在夸大成分，而负面信息往往又带有强烈的主观的抨击色彩。

找到他以前的老板和同事

现在很多用人单位都会对即将录用的员工的信息和情况进行调查、核实，比如往其曾经所在的单位打电话核实情况等。在找合伙人时，你

第四章
12条金规让你找到最佳合伙人

也可以通过这样的形式来了解目标合伙人的人品。你可以到他之前工作的地方走一走，如果能得到他的老板和同事的接待自然更好，他们会告诉你一些关于目标合伙人的信息。

多接触他的朋友

你不只是要了解目标合伙人在工作中的表现，而且还要了解他的生活情况和家庭情况。这些情况你可以从他的亲朋好友处得知一些。因此，多接触他身边的人对于更好地了解目标合伙人大有裨益。

仔细观察他的行为和表情

我们都知道，很多的肢体语言都是人们下意识的动作，肢体语言往往能更真实地表达一个人的内心，其所表达的"信息"是不掺假的。因此，我们在与目标合伙人接触时，要留心观察他的"小动作"，从而帮助你判断他到底是个怎样的人。

不妨做一个小测试

因为捡起了地上的纸屑扔到垃圾桶而被录用的面试"规则"已经人尽皆知。在与合伙人沟通的时候，我们也可以给合伙人出个"小测试"，不一定非得是"捡垃圾"这样的测试，更应该是围绕着性格、人品测试方面的选题。这样在目标合伙人不知情的情况下完成的测试，更能体现出其真实水平。

福特公司曾经花费众人难以想像的重金聘请了一位技术人员。福特认为，好的人品最难得，千金难求。

那是1923年的一天，福特公司一辆汽车的马达坏了，但是偌大的福特没有一个人能解决这个问题。正在福特焦急之际，有人向福特推荐了施坦敏茨。福特只好抱着试一试的心态找来了施坦敏茨。

只见施坦敏茨一句话不说，只是在地上铺开了几张报纸，坐在上面，聚精会神地听着马达发出的声响。过了一会，他拿起粉笔在电机的一个部位画了一条线，然后说："这里的线多绕了16圈。"

合伙人制度：颠覆传统企业模式的公司治理实战全案

福特公司的人简直不敢相信施坦敏茨的话，拆开电机按照他的说法减掉了16圈线圈。再将电机安装好后，神奇的事情出现了，电机正常运行！

让人们惊讶的不是电机修好了，而是大家感到施坦敏茨是个神人。福特对施坦敏茨非常欣赏，他给了施坦敏茨1万美元的酬劳，然后亲自邀请他加盟福特。施坦敏茨来自一个不知名的小工厂，但他毫不犹豫地拒绝了福特的邀请。人们都觉得施坦敏茨是个疯子，这么好的机会让它白白溜走了。施坦敏茨说："我不能离开那家小工厂，因为在我最困难的时候，老板帮助了我。"福特清楚，施坦敏茨的离开可能会让那个小工厂倒闭。他深深地被施坦敏茨的知恩图报感动了，对于这种人品好、技术好的人才，福特肯定不会放弃。于是，经过慎重考虑之后，福特收购了这家小工厂。

面对董事会的一片质疑和愤怒，福特说："人品最难得，因为那里有施坦敏茨。"

福特通过电机故障问题的解决，认识了技术一流的施坦敏茨，然后又通过施坦敏茨拒绝福特的职位邀请认识了人品一流的施坦敏茨。为了这个人品一流的施坦敏茨，福特不顾董事会的不满收购了施坦敏茨所在的小工厂。

人品是一个人的立身之本，没有好的人品走到哪里都会遭人唾弃。选了人品不好的合伙人或合作伙伴也会给企业带来危害。因此，在寻找合伙人时，不要着急下定论，要多渠道地考察合伙人的人品。只有人品好的合伙人才能进入公司的合伙人名单。

性格好不好，看合伙人细节

> 一个具有天赋的人，往往有着超人的性格，绝不遵循常人的思想和途径。
>
> ——19世纪法国批判现实主义作家　司汤达

生活中，有的人性格内向温婉，有的人性格豪爽直率，有的人胆小怕事，有的人敢做敢拼……每个人都有不同的性格。你无法强求别人具有怎样的性格，但可以选择和什么性格的人交往、合作。

如果你是一个内向温婉的人，可能与那些大大咧咧、坦荡直率、说话不假思索的人就没法合作。因为他们的坦诚直率可能会伤害到你的内心，即便他们说的都是真心话，你也无法接受他们的语气和表达方式。

如果你是个敢想敢做、做事干脆利索的人，可能与那些做事优柔寡断、不善决断、缺乏很好的执行力的人也没法合作。因为他们的"慢"会让你急得咬牙切齿，恨不得把话替他们说了、事替他们做了。但是任凭你如何着急上火，他们还是保持着一贯的节奏。你一定会急得跟他们拍桌子、大吵一次。

性格不合而导致合伙不顺的案例有很多。为了避免这样的情况，在我们敲定合伙人时，首先要摸清对方的性格。如果在开始接触时你就受不了他，那就直接放弃。那么，怎样判断合伙人的性格是好是坏呢？这就要求我们具有一定的观察能力和判断能力。观察主要是与目标合伙人接触的时候，观察合伙人的行为细节，并对其进行分析。

观察其是否能够在挫折面前不慌不乱,能自我调节

通常在挫折面前,一些人会表现出恐惧和慌乱。而拥有良好性格的人,他们就会临危不乱、处变不惊,因为他们在一帆风顺的时候就已经为这些小插曲做好了准备,在困难和挫折面前,自我调节能力非常强。这样的人内心强大、高瞻远瞩,不会轻易被打倒。

观察其执行力是强是弱

性格良好的人,从来不会找拖延的借口,而是在接到任务或作出决定之后就会马上行动。因为他们坚信,行动才会有结果。而且执行力强的人行动起来总会比别人快,做事干脆利索,从不拖泥带水。这样的合伙人最起码是一个干练的、敢作敢为的合伙人。

观察其语言表达能力

语言表达能力是一个人思维能力和沟通能力的体现,而在日常生活和工作中,人们一般都喜欢诚恳大方、说话表达清晰、废话较少的人。这样的人思维敏捷,有一说一、有二说二。合作起来会更加顺畅,不需要那么多的繁文缛节。跟这样的人合伙,沟通起来既痛快又高效,可谓快哉。

观察其说话是否会拐弯抹角

说话喜欢拐弯抹角的人,一般心机都比较重,擅长算计。这样的人往往责任心和事业心也不会有多强。与这样的人合伙,你遭遇的多是他的小聪明。做出了成绩,他会往自己脸上贴金;遭遇了失败,他所做的多半是把责任推得一干二净。他表面上还会拐弯抹角地装好人,实则内心阴暗。遇到这样的人,千万要避而远之,若是这样的人成了你的合伙人,会给你带来无穷的闹心事。

观察其是大方还是吝啬

大方的人一般都招人喜欢,大方的人特别适合做投资合伙人,他们不吝惜金钱,只要你的创意够好,让他们感受到光明前途,他就会豪爽地把钱拿出来。但是要注意,面对大方的合伙人你也不能小气,你的小

第四章
12条金规让你找到最佳合伙人

气会让他看透你的格局，觉得你是个成不了大事的人。这样他的奉献精神就不会发扬到你这来。

而吝啬的人，无论什么场合都会表现出过分的节俭，甚至吃饭时掉一粒米他都觉得可惜。吝啬的人一般会计较利益的得失，因此与这样的人合伙一定要明确各自的责任和利益的分配问题。在工作过程中也要注意把账算得清清楚楚，不要让他觉得你占了他的便宜。

有多少人就会有多少种性格，但找合伙人时还是要以相处愉快、合作愉快为准则，找到适合自己的合伙人。打个比方，一个合伙人的技术水平再高，但你就是受不了他说话时的慢条斯理，你们之间的合伙关系迟早都会瓦解。现实中，因为合伙人性格不合而散伙的例子不在少数。

杨磊是一个机械师，工作几年之后决定自己创业，开了一家塑料制品加工厂。杨磊忙于生产忽视了企业的管理，让工厂出现了一些问题。他意识到自己需要一个管理人才做合伙人。

于是他发动自己的朋友圈，寻找管理人才。有朋友向他推荐了一个大学的教授，研究企业的经营管理有二十年了，可谓知识颇丰。经过一番详谈，杨磊把这个大学教授高薪挖了过来。

这位大学教授是个很斯文的人，来到杨磊的企业之后，便开始研究适合这家工厂的管理制度。很快就出台了员工行为规范。新规一出，多数员工感到不适应，他们的行为受到了一定的约束，再不是之前的我行我素。杨磊觉得新规定好是好，但是得给员工一个合理的解释，让员工知道为什么这样规定。然后再给员工一个适应期。

杨磊特批了公司的大会议室让这位大学教授给员工上课，来讲述制定这些新规的初衷，以求得员工的理解和支持。大学教授再次回到了讲台上。他又找回了当初教书的感觉，慢条斯理地一点点地详细地向员工解释着这些规定的意义。员工的问题也很多，五花八门，甚至有故意刁难和捣乱的，但是大学教授都耐心地对其提出的问题进行了回答或解释。

合伙人制度：颠覆传统企业模式的公司治理实战全案

半天功夫下来，大学教授连十几条规矩都没能给员工解释清楚，还耽误了半天的生产进度。杨磊向大学教授了解情况，大学教授又慢条斯理地和杨磊阐述了一番事情的经过，并且教授觉得是员工的态度有问题，他们不愿意接受新规才故意为难。

杨磊给教授布置了一项任务，明天再拿出半天时间给员工讲新规，但是方式要改变。第一，教授的主讲部分要在一小时内结束，剩下的时间给员工提问。第二，讲述的方式要换，变成如果不这样会有多么严重的后果。第三，站在员工的角度，告诉他们新规能给他们带来的利益。

第二天的课堂上，教授从外表上换了一种形象，他西装革履、梳起了背头，收起了一贯的和蔼笑容，换成了一幅严肃的表情。他用苦练了一晚上的娴熟技巧，一气呵成、铿锵有力地讲完新规。员工不仅没有刁难的，连玩手机的都很少了，因为他按照新规当场处罚了玩手机的一位员工。

自此之后，这位大学教授彻底决心改变自己的性格与形象，他变得越来越适应企业的节奏，变得越来越雷厉风行，让员工都心生敬佩。

案例中这位大学教授儒雅的形象和性格并不能适应杨磊小工厂的管理进步。他一改之前的形象，就像换了个人一样，将自己商场精英的一面展现了出来。可见在商场中形象固然重要，但性格同样重要。

如果大学教授一直保持温文尔雅的性格，他可能很难适应社会发展的节奏和竞争的激烈。特别是杨磊这个技术出身、雷厉风行的人与之合伙，交流起来都会急死人。一直这样下去，肯定免不了争吵和矛盾。

因此，在选合伙人时，合伙人的性格也是需要仔细考量的，性格匹配才会在合伙的过程中事半功倍。

诚信的合伙人千金难求

诚者，天之道也；思诚者，人之道也。

——孟子

在当今这个人心浮躁的时代，一些人为了满足私欲，不惜欺瞒、诈骗，毫无诚信可言。而人们也是处处警惕、处处小心，不敢轻易相信他人。在这种情况下，诚信变成了最可贵的精神品质。

对于合伙做生意来说，诚信更为重要。不仅要讲究对客户、对消费者的诚信，而且在企业经营过程中，合伙人之间也要讲究诚信。诚信是合伙人之间顺利合作的基础。因此，在选择合伙人时，必须要坚持"非诚信不合作"的原则。

俗话说，人无信不立，商无信不兴。如果你不注重合伙人的诚信问题，很可能让自己吃亏上当、血本无归。

许欢是一位一心创业的女强人，她性格豪爽，且对市场有较高的敏感度，但是她刚刚大学毕业不久，没有足够的创业资金和人脉资源。许欢是一位工作起来很拼命的人，但是这一路走来，她却没有尝过多少成功的滋味。而许欢的大学同学武冰，是一位很谨慎的人，二人学的是同一个专业。凡事她都考虑得过多，导致她的决断能力受到影响，在大家眼里就是一个优柔寡断的人。

毕业后，许欢和武冰决定合伙创立一家服装设计与销售企业。但鉴于二人都是"穷学生",所以资金成了当时困扰他们最主要的问题。机缘巧合,许欢认识了财大气粗的王先生。王先生与许欢相谈甚欢,答应给许欢的创业项目投资,但是投资分两次完成。第一次投资款于次月1日打给许欢,金额共计40万元,第二次投资款在三个月后打给许欢,共计60万元。就这样,王先生成了他们的合伙人。

许欢见王先生如此爽快,并且第一笔投资款已经如期到账,想都没有多想,更是将签合同的事忘到了九霄云外。她觉得自己和王先生的关系甚好,就像出生入死、两肋插刀的兄弟一样,王先生应该是一个可信的人。许欢见王先生很懂理财,就把公司账上的闲钱交给王先生去做短期理财。

公司渐渐运行起来,业务也渐渐多了起来,他们的资金流又渐渐紧张起来。这时武冰提醒许欢,是时候提醒王先生打第二次投资款了。但许欢觉得王先生人可靠,如此提醒他岂不是在怀疑王先生的人品,她不好意思开这个口。武冰同时还提醒许欢与万先生签订一份投资和分红的协议,许欢觉得这样的协议就是对她和王先生之间的交情的质疑。对于武冰提醒的事情,许欢一样都没有落实。

突然有一天,许欢发现公司账上的资金真的要为零了,而这时已经远远超过了王先生承诺的第二次投资打款的三个月。许欢开始有些害怕,她打王先生的电话小心询问,没想到王先生的回答是:"对不起,我把钱投给了其他的企业。咱们之间空口无凭,请你不要说我有失诚信,这是对我人格的侮辱。"

许欢这才后悔万分,后悔当初没听武冰的话,后悔过分相信王先生。但是为时已晚,他们与王先生之间没有任何协议,公司因资金链断裂而不得不关门大吉,甚至连老本都搭了进去,还赔上了创业之前的一点积蓄。

出现案例中的悲剧,许欢虽然有责任,她不该盲目相信王先生的"口头支票",应该和他签订相应的协议,明确双方的权利义务和利益分配。但是王先生的不诚信行为才是最大的问题所在。

古往今来,一诺千金的故事在历朝历代都会存在。然而这样的事情发生的概率少之又少,这样讲究诚信的人也是千金难求,轻易相信你自己的好运会让自己输得很惨。所以,在你寻找合伙人的时候,遇到注重诚信又有才能的人,在能力范围内不惜重金也要将其留下。而对于那些说话没根没底,满口空话大话的人,基本上就不用考虑了。

诚信在合伙中显得尤为重要,必须引起我们的重视,作为企业的合伙人,作为企业的核心力量,诚信是一切行动的出发点。

志同道合才能合伙

志同道合是成功的基础，保持团结才能不断发展，共同努力就会走向成功。

——亨利·福特

总有人说，道不同不相为谋。这句话不无道理。道可以理解为目标、方向和观念，人生观不同、价值观不同、目标不同，努力的方向也会不同。选道不同的人做合伙人会出现心想不到一起、劲用不到一起的局面，组成个团队也是一盘散沙，没有凝聚力和战斗力可言。

因此，在合伙之前，你必须确认以下几点：

价值观一致

合作竞争战略是企业发展的重要战略之一，可以说关系到企业的生死存亡。合伙人首先要认可企业的合作竞争战略，这也是合伙人之间保持价值观一致的途径。如果合伙人对企业合作竞争的价值判断有很大的争议，其结果很明显：你们没法合伙，这样的合伙不利于企业合作竞争战略的实现。

价值观一致就意味着合伙人之间存在着共同的利益和方向，能保证合伙人拧成一股绳并肩作战。

目标相同

目标就是人向前努力的方向。合伙人的目标相同，他们向前迈步的方向才会相同。这是保证合伙人成为志同道合的战友的前提。倘若合伙

第四章
12条金规让你找到最佳合伙人

人的目标并不一致,你往东他往西,你们永远都到不了同一个终点,反倒会成为彼此的障碍。因此,选择目标相同的合伙人,你们才可能志同道合。

对你们的事业充满信心

一些人面对激烈的市场竞争,总会感到泄气和恐惧,他们总是把困难想在前面,让想象中的困难先成为创业的拦路虎,然后就丧失了对事业的信心。合伙人也会存在这种情况。如果一个合伙人对你们的事业没有信心,一是他对合伙就会失去兴趣,二是工作起来也会疲软无力,没有激情。

因此,你的合伙人要对你们共同的事业有信心,有强大的信心才会有足够的动力。

合伙人之间互相认可、彼此欣赏

和合伙人之间的彼此认可也是他们成为志同道合的战友的前提。合伙人之间互相认可、彼此欣赏,才有可能愉快地展开合作。若是合伙人之间有意见、分歧,不能认可对方的专业能力和思维方式,别说长期合作,就连眼下做个决策都很难。因此,合伙人之间也应该进行充分的了解,能够互相认可和欣赏,合作自然愉快。

可以实现双赢

合伙必须是对双方有利的,如果为了让一方获利而损害了另一方的利益,那么谁都不愿意合伙经营,除非他是获利的一方。因此,必须确保合伙是双赢的事情,才能让合伙人站在统一战线上齐心协力地干起来。

职位无高低,事业无贵贱。寻找志同道合的合伙人并不是大企业的专利,这种商业潮流在小商小店也同样流行。

魏书出生贫寒,家境原因迫使他高中就辍学了。但这并不影响魏书上进的心。他很早就离开老家到城里打工了,观察了城里的行业百态,对各行各业有了一定的感悟,他正在酝酿着自己的计划。

五年后，魏书有了一些积蓄。他没有留在财富聚集的城市，而是回到了家乡。因为他深爱着家乡的土地，他想让这片土地开满鲜花、长满绿植，然后销售给生活在城市里钢筋混凝土之间的人们。

魏书的朋友肖和从广东小赚了一笔回来，也有带领家乡人民创业的想法，两个人一拍即合。魏书不太懂管理，偏偏喜欢摆弄花花草草，而肖和却懂得管理、经营之道，也懂得开拓市场的法则。

志同道合的人合作总是会一帆风顺。魏书和肖和合资在老家承包了300亩土地，就开始忙活起来。魏书主要负责育种、培养和移栽，也负责花卉品种的引进。他养的花、种的树总是受到十里八村的人来欢迎和围观，更是受到城里人的青睐。除此之外，魏书把他的花卉园打理得清新怡人，开放给游客参观。来此放松心情的城里人络绎不绝、流连忘返。魏书和肖和又带领乡亲们在附近开设了农家院，以便人们更好地体验乡土风情。

肖和则负责跑市场和运输，在很多城市拓展了门店，部分地区还有他们的经销商。肖和将他们的事业发展成了一条龙服务，形成了一个庞大的体系。不仅仅让魏书和他自己获得了收益，而且也带动了家乡的发展，起码让参与的乡亲们都尝到了甜头。

魏书和肖和就是志同道合的人，他们心心相通、目标一致，默契配合，加上妥善管理，致使他们这个小小的花卉园发展越来越大，知名度越来越好。魏书和肖和之间几乎没有摩擦，因为他们是在朝着同一个目标前进。

志同道合就是合伙成功的基础。与志同道合的人一起创业，才能获得水到渠成的效果。

价值观决定了合伙人能和你走多远

我们认为,事业合伙人是高度认同组织价值观,承诺并力行组织目标与原则的人的群体。

——华夏基石咨询集团业务副总裁 郭伟

在开篇郭副总裁的话语中,"高度认同组织价值观"被放在了最前面来讲,足见"高度认同组织价值观"对合伙的重要性。

对于合伙来说,对合伙人价值观的考核更侧重于治理、发展和创新这几个方面。至于其在个人生活和感情上的价值倾向,则可以适当放松,但也不能完全不在意。因为人在工作之外袒露的真实往往与人的品性有很大关系,而人的品性又会影响到其工作。

回到正题,合伙人对公司治理、发展和创新的价值理念对公司来说是至关重要的影响因素。价值观通过影响合伙人的个人行为和思想,进而影响合伙人对企业的发展。合伙人的价值观决定了其在企业工作时的行为取向和思维方式。而人作为企业发展的根本力量所在,他们的行为和思想决定了企业的未来。

消除了其他的声音

如果合伙人在企业工作的核心价值观不一致,各怀心思、各有想法,想不到一块去,让企业里充满了不同的声音。在这种情况下,企业的决策很难进行,而且企业也很难保证每个合伙人的利益。但若是合伙人能有一致的价值观,就可以很好地消除企业内不同的声音,避免决策困难的问题，也可以避免企业发展方向的迷失。

让公司有了坚毅的发展方向

每个合伙人都有一把努力发展的"长矛"，矛头所指就是自己要前进的方向。这把长矛就是个人的价值观。如果每个合伙人手里的价值观长矛都指向同一个方向，大家就会朝着同一个方向前进，就不会出现各走各的路的情况。因此说，合伙人的价值观一致就会让公司有了坚毅的发展方向，避免企业走上歪路。

有助于增强合伙人的凝聚力

大家都知道，人喜欢组团做事。自己单干没动力、没劲头，甚至感觉很孤独，连个商量的人都没有。而大家一起干就不一样了，互相鼓励、互相帮助，工作起来就动力十足。大家为了抱团取暖就会紧紧地团结在一起，这样更有利于将合伙人凝聚起来，产生强大的战斗力。

陈诗峰，就如他的名字一样，一个从卡巴斯基CTO到跨国大公司总裁，再到小创业团队的CEO的人物，一个富有诗意和敢于创建人生一个又一个高峰的人。

陈诗峰离开卡巴斯基创业这么多年，有着他不变的秘诀。他非常重视合伙人制度。他不仅非常重视合伙人的管理制度，而且对于合伙人的甄选也是非常严格以及用心的。他对自己甄选的核心团队有充分的信任，并会给予核心团队充分的自由。

为什么陈诗峰能够如此信任自己的合伙人团队？因为他在甄选合伙人团队的时候就已经做好了严格的把关。创业经验丰富的他非常清楚，在创业阶段遭受困难和挫折那是常有的事，如果合伙人的价值观不一致，就很难应对创新初期的这些困难。在很大程度上，合伙人价值观的一致主要表现为高度认可公司的发展方向和战略规划，能够正确应对挫折和困难，能够在重重艰难险阻中熬过最困难的几年。

深圳汉启网络科技有限公司也是陈诗峰的心血。创立之初的一年半，公司没有一个客户,但是最初的三个合伙人仍然坚持了下来。很难想象,一年半没有一个客户的公司是怎么熬过来的。用陈诗峰的话说就是"三个(合伙)人都愿意熬"。汉启的三个创始人即合伙人对待财富、责任和挫折的态度惊人的相似,也就是他们的价值观惊人地相似。因此,这个创始团队比任何一个团队都更加和谐、更加团结。

陈诗峰选择合伙人的态度和能力,非常值得我们学习和借鉴。他在寻找创业合伙人时,总会清楚地了解目标合伙人的财富观、责任心和抗挫折的能力,这是他用人的基础。在他的观念中,合伙人价值观是否一致是团队合伙的基础,选合伙人不光要看其能力,而且也要注重团队的和谐度。

总之,价值观是让公司在安定中发展的法宝之一。共同的价值观会让合伙人真正携起手来,统一战线,共进共退,荣辱与共,从而推动公司快速向前发展。

利益分配能达成一致

在"分钱"的时候，会发生很多你无法理解的、乱七八糟的事情，这都是需要事先制定机制来预防的。

——新东方创始人　俞敏洪

利益分配在任何公司中都是件大事。人人都想在全力付出之后得到对等的回报，起码是公平的利益分配，这样才会让合伙人心服口服。

合伙人之所以选择合伙，就是为了集众人之智慧和力量实现共赢。赢就意味着得到金钱、权利和地位。虽然有的人会说自己不在乎金钱、不在乎权利、不在乎地位，但他们在乎整个过程的公平合理性，包括利益的分配。

要想让合伙人对利益的分配感到满意，就要让合伙人预先对利益分配的规则达成一致。而这件事情，最好是在签订合伙协议的时候来完成，最好形成正式的文件或在合伙协议中明确列出来。

利益分配的依据

虽然都是公司的合伙人，但每个合伙人的情况都不一样。有的合伙人为公司发展提供了大量的资金；有的人为公司发展提供了专利技术；有的人为公司发展提供了机械设备；而有的人则为公司发展奉献了自己的能力和智慧……情况是五花八门的，但是必须确定合伙人利益分配的依据，有依有据才会减少对于利益分配的争议和矛盾。

常见的合伙人利益分配的依据有：出资比例、优势大小等，也可以将这些指标综合起来考虑。依据什么来分配利润不重要，关键是要形成合伙人都认可的分配制度，让合伙人感觉自己的付出得到了对等的回报。

利益分配的时间

合伙人的利益分配也有一定的时间规则，不是说分就分、想分就分的。一般来说，大家都喜欢在年底进行利益分配，让合伙人在一年的结束之际有个好收益、有个好心情。在这个时间进行利益的分配也能让合伙人对来年的战斗更有信心和激情。另外，在旺季过后的淡季进行核算和利润分配也是比较合理的。一是可以避开工作的的高峰期，二是可以在淡季通过利润分配鼓舞合伙人的士气。

但是不可根据个别合伙人的要求就在任意时间进行利益分配，这样会破坏公司的利益分配机制。这样做可能会引起其他合伙人的反感和抱怨。

避免平均主义

有的公司领导者为了安抚合伙人，就说大家都对公司的发展做出了突出的贡献，都值得表扬和鼓励，所以平均分配，然后给大家同样的好处。其实这样的做法并不科学。这样会让勤劳的能者变得慵懒，让能力较差的合伙人不思进取，认为自己的能力与他人相当，维持现状即可得到与他人相同的利益。所以，平均主义是合伙企业利益分配的大忌。

无论合伙人之间关于利益分配的事宜达成了怎样的一致意见，但是需要注意的是，利益分配的相关事宜必须在开始合伙赚钱之前提前商议好，并且最好将其写进合伙协议中。这样在之后的合伙过程中，按合伙协议中当初约定的条款执行利益分配的机制，合伙人就再也不会纠结自己分的是不是少了、什么时候才能落实到位等事情。

大名鼎鼎的新东方当家人俞敏洪也曾因为利益分配的问题而感到烦恼。

合伙人制度：颠覆传统企业模式的公司治理实战全案

在刚开始创立新东方的时候，俞敏洪和其他合伙人想得都比较简单。那个时候几个人一起创业，每个人手里的股份都一样，也没有利益分配的机制，一年下来，每个人拿到的钱都一样多。

当时新东方利益分配的平均主义让几个合伙人都感到不满，因为从这一年的工作来看，有的人干的多，有的人干得少，然而赚的钱却一样。这让干得多的人心里肯定不舒服。俞敏洪很快察觉到这个问题。他开始研究考评机制，从而确定每个人的业绩，然后再根据业绩的多少发工资、发奖金，进行利润分配。

如此一来，按照贡献的大小来进行利润分配，有效地消除了利润均分的弊端。但俞敏洪强调了提前制定利益分配机制的重要性，否则合伙人还是会在意贡献大小与利润分配不对等的问题。

新东方俞敏洪吸取了平均主义的教训，很快就对利益分配机制进行了改革，并且取得了良好的效果。可见，让合伙人对公司的利益分配机制达成一致是一件至关重要的事情。如果对于公司的利益分配问题，合伙人之间存在矛盾和分歧，合伙人之间就会形成一种利益的对立，不利于合伙人的团结，更不利于增强合伙人的凝聚力和战斗力。

纵观合伙制出现以来的实践过程，利益分配不合理成了合伙人散伙的一个重大原因，甚至有的合伙人因为这一问题而闹到法庭，更有甚者，还有合伙人因为利益分配问题而丧失理智、大打出手、甚至闹出人命。

要想让合伙人之间不因利益分配问题而产生矛盾，就要让合伙人对公司利益分配问题达成一致的意见。首先要保证利益分配的公平性和合理性，在此基础上，多劳多得，谁的贡献大谁分得的利益就多。这才是能够激发合伙人斗志、激励合伙人干劲的利益分配模式。

妥善处理亲朋好友的用人要求

一旦企业走上正轨,还让身为股东的亲戚在公司任职,对公司的发展来说就是一个隐患。

——资深企业观察家、管理咨询导师 武帅

你开公司了,有出息了,飞黄腾达了,亲朋好友自然想跟着你一起沾光。他们要么会直截了当地向你请求个职位,要么会先拿下你最亲近的人来帮他们说情,再不济就挖苦你,说你瞧不起他们、财大气粗,等等。

很多好面子的人,在创业成功后,面对亲朋好友"给个差事"的请求无从拒绝,哪怕让这些人进入公司成为害群之马也要维护自己的面子。这给企业管理和发展带来了很大的困扰。

面对亲朋好友的用人要求,我们该怎么做呢?

首先,视情况合理拒绝

亲朋好友看你赚钱了,也想跟你一起赚钱。他们的才能可能适合你的公司,也可能对你来说根本无用武之地。这种时候,千万不能碍于面子过分"仁慈"。对于有些才能,可以为公司创造价值的人,你可以给个顺水人情,但要明确底线,对其工作要进行充分监督,不能因为感情深就乱授权。对于那些没有任何才能的人,你要"狠"点,敢于拒绝。因为这样的人来到公司,不仅不能给公司带来正面的积极作用,甚至会成为害群之马。

其次，用人可以，但要一视同仁

如果你把自己的亲朋好友带到了公司，一定不能因为个人感情而给其开小灶，或者多给奖金、工资等。既然来到了公司，就都是你的员工，要将亲朋好友与普通员工一视同仁。如果你总是特别照顾自己的亲友，就会让普通员工感到寒心，他们付出的不比你的亲友少，凭什么拿的工资却比他们少、待遇比他们差、犯了错处罚更重……长此以往，普通员工就会激情尽失，甚至产生逆反心理而跳槽或与你对着干。

再次，公司中杜绝私人感情

把私人感情带到公司，无异于给公司发展找麻烦。即使私下关系再好，也不能带到工作中来。掺杂了私人感情，你就会公私不分。你的亲友可能觉得与你亲密无间，会无视企业的规矩，他觉得即便自己犯了错，有你在也没什么。你们的"亲密无间"可能就会助长亲友的"肆意妄为"，他可能会主观地做出决策、滥用职权，甚至假公济私。这对公司的发展有百害而无一例。

最后，谨慎考虑亲朋好友的建议

一些亲朋好友来到你的公司工作，可能想的并非是公司的长远发展，而是获得自身的短期利益和地位。这样的亲友给出的建议可能并不是真正站在公司发展的角度来考虑的，而使其出发点和落脚点都会存在一定的局限性，甚至有的人就是为了自己的利益而考虑的。因此，对于亲友的建议一定要慎重考虑。一来，你可以请公司的其他员工一起参与讨论决定，这样可以提高员工参与工作的积极性；二来，这样做也能避免你偏听偏信，进而做出错误的决策。

对于亲友的"热情支持"，我们要采取妥善的处理方式，既不被亲友左右你的决定又不伤害彼此之间的感情最好。在这个问题上我们还是多从失败的案例中吸取教训。

王天顺大学毕业之后就在老家的县城做起了农副产品的生意，并且

第四章
12条金规让你找到最佳合伙人

就像他的名字一样顺风顺水,很快就在城里买了房子和车子。农村的小伙伴们都羡慕他的顺遂,有不少亲友想要到他的公司找一份差事。一般情况下,王天顺对于亲友的请求都会婉言拒绝,并在其他地方给他们找个力所能及的工作。但这一次,王天顺没能禁得住劝说,还是安排了一个朋友在公司。

原来,这个"朋友"是王天顺的女朋友家的亲戚。王天顺和老家的姑娘李靓俩人一见钟情,不料李靓的父母硬是不同意这门婚事,怕王天顺这个生意场上的人会在外面"乱来"而伤了闺女的心。

为了解决这个问题,李靓的父母想出一个办法,安排个李家的亲戚去王天顺的公司上班。一方面可以找个营生,另一方面还可以监督王天顺。为了抱得美人归,王天顺答应了。

对这位"朋友"的到来,王天顺是有些反感的。偏偏这个"朋友"又是一个不懂事的人,在公司好吃懒做不说,还仗着和王天顺的这层关系,在公司胡作非为。他不仅欺负其他员工,把本是他的活交给别人干,而且还以帮别人晋升和涨工资为由,要求其他员工请他吃喝。另外,他还喜欢自作主张、发号施令,完全没把王天顺这个老板放在眼里。

自从这个"朋友"来到公司,公司的管理就一团糟,员工跟风的跟风、抱怨的抱怨,公司运转也出现了一些问题。王天顺果断决定,将这个"朋友"请出去。他把这个想法和公司的情况与女朋友以及李靓的父母一说,李家觉得很惭愧。同时,王天顺用自己的行动证明了对李靓的真心,打消了李家的顾虑,成功赢得了李家的信任。

王天顺因为听从了未来岳父岳母的话,把一个不能为公司创造价值的人带了进来,结果还对其他同事造成了伤害,让公司利益蒙受了损失。王天顺果断而妥善的处理不仅挽救了企业和员工的心,更是通过自己的方式赢得了李家的信任,收获了一个圆满的结局。

现实中,不说身边的人把亲戚好友介绍到公司,有的人出于信任,还会主动把亲友拉进公司,但无论亲友进你公司的初衷是什么,最终闹得不欢而散的不再少数。因此,面对亲友提出进公司一起干的请求,你要经过深思熟虑并做出妥善的处理才可以。否则可能就会演变成一件既伤人又伤财的事。

不强求也不凑合

不要强求也不要将就，凑合是凑不出结局的。

——佚名

俗话说，强扭的瓜不甜。对于找合伙人来说也是如此，遇到了合适的人才，并不代表人才就会痛痛快快与你合伙。对方综合考虑之后，有可能觉得你的公司并不适合合伙经营而拒绝了你，即便你爱才如命，也不要死缠烂打不放手，让双方都觉得为难。

反过来说，找不都心仪的合伙人也不要退而求其次，随便找一个了事。合伙人作为公司的核心力量，需要谨慎选择，不能随便凑合，否则会给后续的合伙经营带来诸多麻烦。

梁辉在一家食品公司工作近10年，手里掌握了一定的原材料供应资源和销售渠道，同时积累了一些财富。奔四的他事业心日渐萌发，创业的想法越来越强烈。他决定利用自己积累的资源和经验创办一家食品生产和销售公司。

忙前忙后，里里外外，很快梁辉就感到力不从心了。他决定找一位精明能干的合伙人帮他管好"家"，他去外面跑上下游的关系和渠道。

时间有限，经过朋友的介绍和自己的努力挖掘，梁辉找到了三个目标人选。一个是一位资深的企业管理人才，曾经在上市公司做管理，具有好多头衔的大人物；一个是梁辉的大学同学的朋友，没有显赫的功名，但却是一个有实干的、有进取心的人；还有一个是自己的妹妹介绍的工商管理硕士毕业的应届生，初来乍到，满腹凌云志。

梁辉对这三个人进行了细细的考量。第一位候选人在能力方面肯定没问题，等以后自己的企业发展壮大，他也需要这样的人才来帮其做好企业管理，但是这样的人才未必能走进自己这个小庙。第二个候选人，光是有实干精神和进取心，凭直觉，这个人的能力并不是很突出。第三个候选人就不必多说，定是个完全没有实战经验的"儒生"，但妹妹介绍的，他必须给点面子，考察一下再说。

梁辉首先与第三个候选人进行了交流，他发现这个候选人就是一个"书呆子"，满腹经纶却不懂得如何运用。接着他又见了第一位候选人，这人的确是个人才，从理论到实践，从破解当前困局到愿景规划都胸有成竹。梁辉开始与之讲情怀、谈待遇，但这位候选人在得知梁辉的公司状况和发展预期局限性的时候，他并没有答应梁辉的邀请。尽管梁辉"三顾茅庐"、苦苦相求数次，也未能达成合作，梁辉只好作罢。

梁辉转而接触第二位候选人。他发现这个候选人正如他所料，虽然志向满满，也能高谈阔论，但根据其以往的工作经历，他的能力并不是很突出，并且对于管理中的一些问题只有常规的思路没有创新的意识。梁辉为难了，选择还是放弃？

经过梁辉的一番斟酌，梁辉觉得还是不能凑合。一时找不到合适的人选那就继续努力接着找，总会遇到"有缘人"。

案例中梁辉的决定是正确的。找合伙人既不能强求也不能凑合。强求，不仅不能得到人才的认可，反而会引起对方的反感。凑合，虽然填补了合伙人位置的空白，但总觉得这样的合伙人像鸡肋这几乎是任何一个寻找合伙人的经营者都会遇到的困惑。

志不同道不合的人不强求

前文已经强调志同道合对于合伙的重要性。但是当你面对一个旷世奇才的时候，虽然你们的经营理念不同、核心价值观不同，你会不会单纯地为了他的才能而动心？肯定有人会为之倾倒，不惜付出一切代价也要得到这样的人才。但是在得到之后真正开始了合伙经营，你就会发现，完全不对路！因为价值观和经营理念的不同，大才也得不到发挥，因此，你煞费苦心请来的人才对公司发展并没有多大的帮助。到这个时候，你就会明白，志不同道不合的人，即使他的专业能力世界第一，也不要强求。

因不满利益所得拒绝合伙的人不强求

当你主动找某些人合伙的时候，目标合伙人会觉得主动找上门来定是看中了他们的才华和价值，就会觉得自己对你的公司是个重要人物，甚至会觉得"没我不行"，于是就会向你提出较高条件。对于这样的人，在合伙前的谈判过程中，他们总是对你给予的利益回报表示不满，也会因此迟迟不答应与你合伙。这样的人就像一头喂不饱的"狼"一样，不要接受他们无止境的"勒索"。如果他们总是因为不满于利益回报而拒绝你的合伙邀请，那就不要强求了。

摆架子的人不强求

一些合伙人觉得你请他合伙经营就是有求与他，为了占据主动权或者给你个下马威，他就会在你面前摆架子。故意不接你的电话、故意在你们约见的时候迟到、故意在你面前玩深沉、故意要求餐厅的规格、故意让你派车来接他赴约……这些行为，都是对方在故意为难你，故意在你面前摆架子，让你重视他。甚至有的人还会与你多次爽约。一次两次，你可以忍受。但是如果对方一直这样，在表现出你的诚意之后就不必强求了。一味地忍让就是"应允"了对方的"得寸进尺"，真的开始合伙经营了他会表现得更强势，处处压制你。

存在重大缺点的人不凑合接受

虽然说，金无足赤人无完人，没有人是十全十美的。若是你的合伙人拥有某项专业技能但同时在另一方面还存在重大缺点，他们的缺点极有可能会对公司的发展产生负面影响。如果你接受了这样的人做合伙人，对公司发展来说就得不偿失了。因此，存在重大缺点的合伙人不能凑合接受，我们要权衡他们能为公司带来的利益和可能造成的损失。如果能够让这种损失得到有效的控制，这样的合伙人就可以为你所用；若是做不到，不如趁早放弃。

能力有所欠缺的人不凑合接受

为了尽快找到合伙人与公司分忧，有些人在遭到优秀的人才的拒绝之后，也会主动降低标准照一个"一般般"的合伙人先填补空白。能力一般般的合伙人就意味着他给公司创造的价值也会大打折扣。然而，合伙人的进入和退出并不是一件容易的事，当你再找到符合标准的合伙人而想把能力一般的合伙人取而代之的时候，可能就要费一番周折了。因此，对于合伙人，我们提倡宁缺毋滥。如果一时没有找到符合标准的合伙人，唯一的办法就是抓紧一切时间、发动一切资源去找，直到找到满意的合伙人为止。

总之，找合伙人是件需要慎重的事情。我们不能在某个人才这一棵树上吊死，不能强求某些人才做我们的合伙人，更不能为了找合伙人而找"合伙人"，差不多将就凑合的思想也是不可取的。而是要找准自己的底线，符合标准的努力争取，不符合标准的坚决弃之。

第五章
遵守原则，合伙才能成功

　　无规矩不成方圆，同样，合伙有合伙的原则和规矩。合伙并不是一件随随便便进行的事情，从合伙人的进入、管理、账目、利益分配、合伙人的罢免与退出，层层环节中没有规则都无法有序进行。因此，对于合伙，遵守原则才能成功。

进入：让合适的人有序进入

> 最好的不一定是最合适的，最合适的才是最好的。
>
> ——子墨

要想找到帮手，合伙经营，就必须让合伙人进入公司。合伙人进入企业必须拿出一定的诚意来，什么资本都没有，什么都不做，那也不能成为公司的合伙人。当然，合伙人进入公司也有规则可依。进入规则主要有两个核心点：一是合适的人，二是有序进入。

那么，什么样的人才是合适的合伙人呢？在前面的章节中，我们已经做了一些阐述，比如要求合伙人有统一的目标和价值观、人品好等。此处我们还要再提出一点：资源共享、风雨共担。

当今时代已经是共创共享的时代，也就意味着自己闷声发大财的日子已经过去。为什么讲资源？为什么讲团队？因为把资源攥在自己手里，资源就无法真正创造出最大的价值。人，同样是一种资源，而且人类懂得通过团结在一起来放大自身的价值。团结不仅是一起共事，还包括资源共享。

懂得共享资源的人才能成为合格的合伙人。那么，你可以拿出来共享的资源有哪些呢？

资金

创业或者经营企业，资金可谓是关键的一环，没钱寸步难行。如果你手中有大量的闲置资金，可以拿出来作为进入公司合伙团队的资本。

资金进入是最常见的一种进入方式。因为资金会有明确的数额，能够清楚地界定合伙人的贡献大小。同时，合伙人带着资金来，可以盘活公司的现金流，为公司的灵活运转创造更好的条件。

特殊技能

俗话说，三百六十行，行行出状元。的确如此，行行有状元，但也有对此一窍不通的人。你的特殊技能就可以成为进入公司合伙团队的资本。如果你精通的这项技能是非常独特的，你会的其他人都不会，那你就会成为这个技能领域的"香饽饽"。

稀缺资源

公司的创办和正常运营需要各种各样的资源，有的资源容易获得，而有的资源比较稀缺，短时间内很难通过普通的渠道挖掘到。如果你有某一类型的企业发展必需的稀缺资源，也会让你拥有进入这类企业的资本，并成为一个抢手的人。

领导才干

如果你既没钱，也没有特殊资源，但是天生具有领导才干，有号召团队满血向前的影响力，也可以贡献出来。要知道，能把企业的管理做好、把员工带好，本身就不是一件容易的事。领导才干也是一项特殊的能力，也可以作为你进入公司合伙团队的资源和资本。

孙某和王某自小就是非常要好的朋友，二人小学、初中、高中、大学都在一起，甚至大学时也选择了同一个专业，二人毕业后进入了同一家公司工作。然而在十年之后，二人的结局却产生了巨大的差异。

孙某的强项是软件开发，在这方面积累了不少的经验，并且随着时间的增长练就了一项绝活。这让部门的其他同事刮目相看。而王某虽然专业也是软件开发，但他并没有往这个方向发展，而是渐渐挖掘了自己 IDE 领导管理才能，慢慢走上了公司的管理岗位，成了客户服务部门的主管。

合伙人制度：颠覆传统企业模式的公司治理实战全案

就在 2016 年年底，公司为了激励员工，开始了合伙人计划。当然，并不是所有的员工都能成为公司的合伙人，只有那些为公司发展做出突出贡献的才能成为公司的合伙人。孙某在技术上的优势让他具备了合伙人的资格，而王某不温不火的管理却没能构成公司合伙人的资格。

就这样，十年后，两个人的人生和角色发生了重大的变化，也第一次产生了这么大的差距。

孙某和王某所在的企业实施了合伙人制，由于两个人自身资源和优势的不同也导致了不同的结果。孙某按照公司的制度章程，很快就确立了自己的合伙人身份。

俗话说，艺多不压身。这句话同样适用于今天的市场竞争领域。多多发展自己的长处，充分发挥自己的优势，打造一个具有独一无二的资源和特殊技能的自我，这样不仅能提高你的竞争力，更能让你的闪光点在茫茫人海中凸显出来。

而对于合伙进入的秩序，也是成功引入合伙人的一个关键。对合伙人进入秩序的约束主要体现在以下几个方面：

投资多少，提前约定

投资合伙人对投资数额的选择不是随心所欲的，投资多少更不是看心情而定的。投资的数额涉及投资人掌握的公司股权的多少，同时也会对公司的控制权产生影响。如果投资前的闲置资金很多，合伙人就会无限制地向某企业投资，结果他可能成了公司的最大股东，掌握了公司的控制权。这对公司的发展来说，未必是好事。聪明的人会控制不同投资人的投资数额，以达到合伙人相互制衡的目的。因此，对合伙人的投资数额，必须提前进行约定。

初创时期就定好进入规则

合伙人的进入规则要在公司的初创时期就定下来。这样就会在一开始形成合伙人进入的良好秩序，不至于在中期引入合伙人时让人才蜂拥而至，乱了秩序，坏了规则。让资本和资源有序进入，才能充分适应公司的发展节奏，不至于自乱阵脚。

谈好合伙协议中的一切事宜

合伙前先立规矩也是非常重要的一点。合伙之前，先就合伙协议中的所有条款达成共识，能使合伙人充分认识合伙过程中的责任和义务，以及自己的利益所得，从而打消合伙人的疑虑和顾虑，才能保证在之后的真枪实干中不再因为协议问题和共识问题而出现矛盾。

总之，秉承合伙进入的两大原则，才能让合伙人制度的成功落地有所保障。一是保证合适的合伙人进入，二是保证了有条不紊的进入秩序。

管理：让合伙人感到公正、主动服从

> 管理就像一个弹簧，你强对方就弱，你弱对方就强；领导者可以什么都不精但是一定要有无比坚定的信念，要学会经营两个字"相信"，你能让多少人相信你，你就能成就多大的事业。
>
> ——《中国合伙人》

对合伙企业来说，加强对合伙人的管理也是重中之重。合伙人是一个人才的团队。人才难免还才傲娇，也难免存在攀比心理而渴望得到更大的权利和更高的地位。因此，对合伙人的管理更是要根据人性的微妙妥善处理。

对合伙人，好的管理模式能够让其消除对权利和地位的过分关注，齐心协力将心思用在合伙共赢上。

让合伙人感到公正

每个合伙人的优势是不同的，其对公司发展做出的贡献是不同的，同样，每个合伙人对事物的认知也是不同的。怎样才能让合伙人感受到管理的公平呢？一是利益分配按照既定的原则进行，不徇私。二是付出的公平，不论合伙人为公司创造了多少价值，首先要在工作时间和用心程度上保证合伙人之间的公平一致。同样是每个月1万元的工资，有的人只工作三小时就下班，有的人却要加班加点地干，加班的人就会感到不公平。三是态度公平。一些岗位容易让人看到突出的成就而受到公司的嘉奖，而一些岗位上的员工却是默默无闻的，不易让人察觉到这个岗位的成就，因此也会遭受冷落。无论对于何种岗位，都要肯定合伙人兢兢业业的精神，这样才不至于冷落了那些默默无闻的人。

让合伙人主动服从

每个公司都有自己的规章制度，合伙公司也不例外。那么怎样才能让合伙人遵守公司制度、主动服从管理呢？除了管理的公平公正之外，还要具有人性化。人人都有感恩之心，人性化的管理更容易被合伙人接受。人性化的管理就是让合伙人有面子、有尊严、有收获的管理。在这样的管理下，合伙人的物质需求和精神需求都会得到满足，也会感念公司的好，自然愿意服从公司的管理。

定好最终拍板的人

尽管是合伙公司，该和的要和，该分的还是要分。如果什么都不分，就像是大锅饭式的经营方式，要么会助长合伙人的惰性，要么会让合伙人计较得失的不公平，再者还是激化合伙人之间的矛盾。但无论矛盾因何而起总是需要化解的，这就需要一个权威的人，能够给出化解矛盾的标准和依据。另外，公司每天都需要大大小小的决策，合伙人可能会给出不同的建议，但最终需要由一个人拍板决定。

当然，最终拍板的人是大家都认可的，或者大家推举出来的，这样拍板的人才有威信，合伙人也才愿意尊重。

大家都听说过西门子、百度、腾讯等大型企业，可很少有人知道其背后的公关公司——蓝色光标。这是中国第一家上市的公关公司，是亚洲最大的营销集团之一。曾经360和腾讯之间的3Q大战，就是蓝色光标策划的杰作。

蓝色光标是一个合伙公司，它的合伙创始人有五位：赵文权、孙陶然、吴铁、许志平和陈良华。五位合伙人的创业初衷是相同的，但是五个人的想法却不尽相同。

2000年左右，互联网泡沫的破碎严重影响了蓝色光标的利润。虽

合伙人制度：颠覆传统企业模式的公司治理实战全案

然蓝色光标的客户比比皆是，企业规模也扩大了，但是利润却不容乐观，甚至出现了下滑趋势。面对企业的未来发展，五位合伙人召开了多次大大小小的会议进行了讨论。有合伙人提出了增开小公司来赚大利润的主张，但赵文权持反对意见，他坚持创业的初衷，坚持要把蓝色光标发展壮大。另一位合伙人孙陶然也提出了自己的意见，他觉得服务业在中国市场前景并没那么好，不如转做相对踏实的事业。对于孙陶然的这一想法，有人支持也有人反对，最终也被迫放弃。

在蓝色光标的任何决策，只要有一个人反对，决策就无法通过，这便是"一票否决制"。在蓝色光标，所有决议必须全票通过才能得到进一步的落实。这样很好地避免了某个合伙人头脑发热而做出的决议。

当然，合伙人认为是对的、对公司发展有很大推动作用的事情他们也会尽力去推动、去说服其他合伙人。2002年，赵文权重返蓝色光标的时候提出了上市的发展战略，也一度遭到了其他合伙人的反对。但赵文权坚信上市能给公司带来更好的发展，于是他克服一切困难去说服其他有异议的合伙人，最终上市的提议获得了其他合伙人的认可。也就是从那时候起，赵文权成了蓝色光标实际意义上的领军人物。

在上面的案例中，蓝色光标在合伙人的管理上既有传统的民主协商，也有赵文权的拍板决定，可谓是合伙管理的典范。不同的企业会有不同的管理规则，但万变不离其宗，那就是明确权力中心，并且让众人心服口服、甘心臣服。

账目：公开透明，让合伙人放心

合伙创业一定要做到账目清楚、手续齐全，随时经得起检查；对于所有账目的进出情况、合作实体的经营状况和损益情况要定期在合伙人间进行公开，合伙人的利益分配要严格按照合作协议中的规定办理，做到双方心中有数，避免产生不必要的误会与麻烦。

——《创业指南》

无论是在工作中还是在生活中，钱的作用都很大。钱除了可以解决我们的物质需求以外，还会满足我们的精神需求。当然，钱也会给我们带来很多麻烦。比如因为钱多钱少的问题会引起人们的攀比心和嫉妒心，甚至让一些人为了得到金钱产生危害他人和社会的行为；钱会引起兄弟反目、父子绝情、朋友绝交；钱会让合伙人互相猜疑、失去信任，甚至闹上法庭或搞出人命。

合伙做生意，几乎处处涉及到钱的问题。既然逃不过、躲不掉，那就正面直视这个问题。怎样才能做好公司的账目管理？怎样才能让合伙人对钱的事放心？下面给出几点建议。

亲兄弟明算账

有的合伙人就是自己的亲戚或朋友。如果和亲友之间把账算的特别清楚，丁是丁卯是卯，太较真好像会伤害彼此之间的感情。其实不然，把账算明白，再好的关系也不要留下糊涂账，这样不仅有利于维护两人之间纯粹的关系，而且也不至于因为这些糊涂账影响了公司的财务、影响了其他合伙人的财务观念。亲兄弟明算账,越算就会越清楚。

账目公开透明

有的公司,财务就像是财务主管一个人的秘密,从不对"外"公开。公司的营收是多少、成本是多少、开支有多少,除了财务之外没人知道。在这种情况下,合伙人就会对自己的既得利益产生怀疑,怀疑自己的分红是不是少了,怀疑靠裙带关系进来的人是不是多拿了,怀疑有人中饱私囊。这样的怀疑不仅会分散合伙人的精力,而且还会对公司财务制度产生不满情绪,从而打击了其工作的积极性。公开透明的财务制度会让合伙人清清楚楚地看到公司每一分钱的走向,让他们看到公司财务制度的公正合理,也就不会因为公司的账目产生猜忌和怨言。

钱账分管,互相监督

有的公司为了节约人力资本,财务方面只安排一个人,既管钱又管账。这样的财务管理就很容易藏猫腻,财务人员很容易在公司账目上动手脚来获取私利。在这个敏感的问题上,公司可以多设立一个财务岗位,钱账分管,这样就能有效地在财务部门内部实现有效的监督,避免财务部出现做假账的局面。

合伙人互相监督

合伙人作为公司的核心成员,具有对财务和账目进行监督的权力。公司可以设立一定的财务监督制度,合伙人可以定期轮流对公司账目进行监督和审查,以确保公司的账目安全和资金安全。良好的监督机制和检查机制也有利于公司财务和账目的公开透明化,让大家对财务更放心。

李涛和吴敏合伙开了一个网吧,两人各投资 30 万元。李涛和吴敏大学时四年同窗,又是室友,两个人做什么事都很默契。开网吧的时候两人也没有任何协议,凭着兄弟感情就干了起来。一年的时间,二人将网吧打理得井井有条,生意也很火爆。

二人有了成功的经验,决定再在城区的另一个位置再开一家网吧。

第五章
遵守原则，合伙才能成功

决定作出之后，需要一个人盯着老店面，一个人全力以赴为新网吧奔走。吴敏家离新网吧的位置比较近，于是李涛决定把新网吧的事宜全权交给吴敏，而自己则打理老店。

新网吧的进展很顺利，店面装修很快就完成了，又搭设了网络、购置了顶级的电脑装备。就在新网吧要投入运营的前一天晚上，李涛提出将老店面的结余和新店面的费用清算一下，以便观测新网吧的营收情况。没想到吴敏拒绝交出新网吧的账本，并且以各种理由搪塞李涛，甚至说出要是信任他们的感情就不要查账之类的话。

李涛觉察出其中肯定有猫腻，于是他趁吴敏不注意的时候，悄悄查看了新店铺的账本，发现真的有问题！吴敏在新店的装修过程中，伪造了账款，可能有两万多元悄悄落入了他的口袋。李涛对吴敏的行为感到愤怒，但鉴于二人的感情他没说什么，只是在之后的合伙中多了一个心眼。

李涛从人才市场聘请了专业的财会人员，并成立了财务部门，专门负责两个店铺的账目，并且定期向包括吴敏在内的核心管理人员公开账目。李涛这样做的目的就是让网吧的账目透明化，避免中饱私囊的情况再次发生。其次也让核心管理人员清楚网吧的经营情况和盈利情况，对网吧未来的发展更有信心。

案例中，李涛和吴敏初创业时并没有过多的精力去做财务管理，致使吴敏起了私心、钻了空子。李涛很快就明白了问题所在，并完成了财务部门和财务制度的建立，让网吧的财务和账目变得公开透明，安定了核心管理人员的人心。

在公司的经营过程中，财务问题和账目问题是管理的重中之重。公开透明的账目、监督有力的财务制度都能让合伙人吃下"定心丸"，踏踏实实地为公司的发展和共同利益全力以赴。

分配：公平公正，多劳多得

> 真正绝对的公平是没有的，你不能对这方面期望太高。但在努力者面前，机会总是均等的，只要你不懈地努力，你的主管会了解你的。
>
> ——华为创始人　任正非

合伙创业，在经过众人齐心协力的努力之后，公司总会产生利润。作为公司的合伙人，按照一定的标准获得利润分红也是一件大快人心的事情。然后，很多公司会在这个环节上出问题，因为利益分配问题而产生内部矛盾的情况数见不鲜，大打出手的也有，闹上法庭的也有。

究其原因，出现利益分配矛盾的原因就是合伙人觉得公司的利益分配不公平，凭什么他分的多我分的少。那么，怎样才能让合伙人感受到利益分配的公平公正呢？

创业之初就制定合理的利益分配制度

利益分配在合伙公司是个重头戏，关系到公司的命运和合伙之路能走多远。因此，在创业之初，就要制定合伙人共同认可的利益分配机制，明确利益分配的标准和依据。这样可以稳定人心，防患于未然。

能者多劳，多劳多得

既然合伙人制度很大的一个作用是激励作用，那么就要形成有效的激励机制。对于合伙人来说，让人心服口服的激励机制自然是让有功之臣得到奖励，让碌碌无为者受到刺激和鞭策。能者多劳，多劳多得，就是要让对公司发展做出突出贡献的人得到最大的回报，让人才看到付出努力之后的巨大收获。这样就会刺激人才人尽其才，把自己的真本领拿出来，为公司创造价值。对于这样的人，公司一定要给予其足够的利益，让其感受到公司利益分配的公平性，从而激发其更强大的工作动力。

而对于那些平庸的人，当他们看到那些付出了努力和智慧的人得到了对等的回报的时候，他们也会以此为榜样，努力提升自己的能力为公司做出贡献。

能者多劳、多劳多得最能体现合伙公司利益分配的公平和公正。

加强内部监督

利益分配是关乎公司及所有合伙人的切身利益的事情，因此，良好的内部监督机制也是非常必要的。加强内部监督，可以有效保障利益分配的公平合理，能够促进每位合伙人的利益最大化。在良好的内部监督机制下，能够有效减少合伙人因利益分配而产生的矛盾，有助于合伙人的内部团结和凝聚力的提升，更能让合伙人认可公司的文化和前景，从而增强合伙人对公司的忠诚度。

薛亮、黄东林和李梅合伙开了一个快餐厅。薛亮出资10万元，黄东林出资20万元，李梅也出资20万元。三人共出资50万元，并开始了餐厅的店面装修。

很快快餐厅就开业了。他们的店面开在了CBD区域，因此生意甚是红火，从早到晚忙不停。然而，除了这个餐厅之外，薛亮和黄东林二人还有各自的其他工作，他们基本无暇顾及餐厅的经营。李梅倒是个闲人，开业之初几乎整天泡在餐厅，来处理餐厅出现的各种问题，很快就使餐厅的运营走上正轨。

餐厅开业很快就过了一年的时间。三人凑在一起，对餐厅的经营情况进行核算和评估。结果喜出望外，第一年的经营不仅赚回了投资成本，还净赚了50万元。对于这50万元的用处，三人做出了一定的规划：10万元拿来当做店面运营的流动资金；40万元做为3人的分红。

至此，难题来了。三人还从来没有对分红问题做过讨论，也没有达成协议。于是有人提议按照出资比例来分红。但是这个建议遭到了李梅的反对,她觉得单纯地按照出资比例来分红并不合理,因为在这一年的经营中,李梅对餐厅的顺利运营起到了很大的作用。可以说,没有她的努力餐厅可能没有这么好的收益。她觉得应该按劳分配,多劳多得,她的付出应该相应地多拿一些分红。

经过三人协商,三人决定从40万元的分红中,首先给李梅"发工资",按照每个月5000元的标准计算,先给李梅6万元的工资。剩余的34万元则按照三人的出资比例进行分红。就这样,三人愉快地解决了利益分配的问题。

在上面的案例中,单纯地按照出资比例进行利润分配的提议的确是不合适的,这会让付出了一年的劳动的李梅觉得不公平。再者,三人事先也没有形成一定的利益分配机制,好在最后经过协商,使这个问题得到了顺利解决。

在合伙公司中,利益分配的平均主义是大忌,而多劳多得的分配机制才能够有效激励人才,让大家觉得公平公正的。另外,公司可以设立合理的监督机制,帮助公司将利益分配做得更加公平合理。

罢免：庸者下，能者上

> 能者上，庸者下，不能者退，自安者，败于懦弱知足者，败于无知，大争之世，唯以实力见长。
>
> ——著名教育家、作家　孙皓晖

当今时代是靠能力吃饭的时代。有能力、有本事走到哪里都是人才，都能得到认可与赏识；若是没本事，靠关系上位的人终会被时局所淘汰。现实就是这么残酷，残酷到像一场战争一样，如果没有真本事面对真枪实弹，没有真本事给敌人致命的打击，那么，"死"的就是自己。

美国的西点军校可谓是世界知名的军校。西点军校信奉精英教育，采取末位淘汰制。这项残酷的制度每年都会淘汰大量的学生。前美国国防部陆军副部长助理、西点军校陆军培训中心主任肖恩·翰纳曾近透露，每年报考西点军校的学生约 15000 人，其中 4000 人会获得提名，最后从中录取 1200 人。多么残酷的现实！

而在我国，也有一些公司实施了末位淘汰制，为的就是让能者上，让庸者下，让公司的团队不断维持在一个较高的技能水平和专业水准。华为就是一个典型的例子。

华为的末位淘汰制从提出到现在已经有 20 多年的历史。1996 年，华为提出末位淘汰制的时候，将对员工的考核标准分为 6 个等级，后来又将其简化为 4 个等级。考评连续为最低等级的就可能被淘汰，但是也具有一定的柔性和弹性。被淘汰的员工则需要进行"下岗培训"。在这期间，淘汰的员工要停止手头的工作，回到华为总部生产部门接受培训。培训后还可以应聘新的岗位。因此，这种淘汰不是真的淘汰，而是再给其一次机会，只要能在新岗位上干好、干出成绩，还有被提拔的可能。这样的例子在华为比比皆是。

另外，华为还有内部的劳动力市场。如果有员工对其现任的岗位表现出"水土不服"、很难做出成绩，属于要被"淘汰"的对象，他们还可以根据自身的实际情况应聘公司的其他岗位，其他部门的主管也可以帮助将被"淘汰"的员工安排新的岗位。因此，只要员工有进取之心、能够进步，就不会被淘汰。

华为的末位淘汰制虽然没有那么决绝，但是也会在一定程度上让那些不努力工作的员工感受到巨大的压力。一方面，被淘汰了实在是一件不光彩的事，面子上过不去；另一方面，末位淘汰是在给员工创造再学习、再选择的机会，同时让华为始终保持满血状态；再者，末位淘汰也是对落后者、懒惰者、没有成绩者的一种激励。

华为的末位淘汰与军人出身的任正非有一定的联系，但确实对华为的企业活力产生了一定的促进作用。它让华为的员工时刻保持危机意识，时刻保持干劲和战斗力。这正是广大企业经营者想要达到的效果。

罢免合伙企业中的合伙人同样是一种对合伙人的优胜劣汰。如果合伙人不能对公司发展有所贡献，那么就可以通过对合伙人的罢免，让新的更优秀的合伙人有进入企业的机会。

罢免的前提：真的无法给公司创造价值

企业对合伙人的罢免是有一定原则的，可能是现在的合伙人不能胜任职务，或者对公司的发展产生了负面影响，又或者因为个人原因不认同公司的理念和其他合伙人的行事风格。被罢免的合伙人一定是不能为公司创造价值的人。

第五章
遵守原则，合伙才能成功

当然，对合伙人的罢免就像华为的末位淘汰一样，也是有一定的弹性的。当合伙人表现出一些对公司有负面影响的行为或者犯了某种错误之后，公司也应该给其改过和进步的机会。如果经过深入的沟通，还是无法解决这个合伙人的问题，那就可以考虑罢免了。

罢免的准备：不影响公司的正常运行

任何一个合伙企业，在招募合伙人进行合伙经营时，都要为后面的散伙做好准备。毕竟天下无不散之宴席，因此，在合伙开始时就要考虑到罢免和散伙的事情，并准备好充足的替补资源。不能因为某个合伙人的离开而影响公司的正常运行。

罢免的对策：请求其他合伙人的支持

罢免一个合伙人并不是一件轻而易举的事情，也不是公司控制者直接将不合适的合伙人踢出局即可。罢免合伙人，首先要获得其他合伙人的支持，在罢免这件事情上让大家达成一致意见，这样你就不会在当"坏人"的时候处于孤立无援的境地。有了其他合伙人的支持，才不至于在罢免某位合伙人之后让公司人心动荡，而是使大家想得更多的是吸取教训，紧密地团结在一起。

罢免的后续：寻找更合适的替代者

罢免一位合伙人，就会让公司的合伙人队伍出现空缺，但是公司发展又需要有更加优秀的合伙人加入。因此，在罢免合伙人之后，更重要的是寻找更有才能更合适的合伙人加入合伙团队。新合伙人的加入会给公司注入新鲜血液，给企业带来新的力量并创造新的价值。但是寻找新的合伙人一定要吸取教训，一定要找到真实适合公司发展的人才，避免重蹈覆辙。

被罢免的合伙人可能就像非洲好望角的一种蜜蜂。在我们的印象中，蜜蜂都是勤劳可爱的小动物，但非洲这种蜜蜂却是一种"寄生虫"。这种蜜蜂自己不劳动，只窃取现成的蜂蜜为食，并且会混入其他蜂巢大量繁殖，最终使被寄生的蜂巢崩溃。而类似这种蜜蜂的合伙人，他们不愿付出自己的劳动和智慧,整天在公司中混日子,对公司无所贡献,甚至还会给公司带来灾难和危险。这样的合伙人就要果断罢免。

对于合伙人的罢免,谁都不希望发生这样的事。但是,在合伙经营之初,我们就必须充分考虑到这些问题,做好充分的准备。即使不能一起合伙经营下去了,也要果断做出罢免的决定,不要拖泥带水,给公司和其他合伙人带来更多的损失。

退出：平静退出，保持企业的稳定发展

> 虽然说合伙创业的合作伙伴都是以长期合作、持续发展，把企业做大做强为根本出发点的，但事情的发展往往不会按照人们的预期走下去，合伙企业的拆伙也是难以避免的。
>
> ——著名出版人　张笑恒

商场上风云变幻，没有永久的敌人，也没有永久的朋友，只有永恒的利益。"聚"让合伙人团结在一起，拧成一股绳齐头并进。"散"则让这股绳少了一股力量，当然公司还是要发展的，不会因为一个合伙人的退出而导致公司运营停止。

无论是合伙人主动退出，还是由于一些原因不得不罢免合伙人，都会对公司的发展产生一定的影响。而我们要做的就是尽量减轻这种影响，让公司照常稳定运行。

丑话说在前面

通常情况下，合伙之初大家都不愿意谈散伙。一是谈散伙有失面子、有伤和气；二是在合伙之初，大家对合伙的信心十足，都觉得他们是一个有着共同目标的、无懈可击的团队，怎么会散伙？于是大家根本不会考虑散伙的事情。然而，无数合伙公司散伙的案例赤裸裸地摆在我们面前。天下大势，合久必分，合伙人的退出或散伙是迟早的事，终须面对。

既然如此，关于合伙人退出的丑话就要说在前面。在合伙之初就协商好散伙的事宜，比如股权退出机制、合伙期限、违约金等。提前制定好退出的规则，能让合伙人更坦然地合作，也会使合作更长久、更稳定。此处我们着重阐述合伙人退出的股权问题。通常情况下，合伙公司在处理这个问题时，都会遵循一个原则：对于退出的合伙人，公司必须承认他的历史贡献，并且按照一定的规则回购其股权。而股权回购的价格可以参考退出价格基数或溢价或折价倍数。

明确财产分割原则

合伙人退出势必会涉及到财产分割。为了不让合伙人因财产分割而产生困惑，合伙公司要事先制定财产分割的依据，可以约定在不同阶段合伙人退出时的财产分割原则。

通常情况下，合伙公司在刚成立的一年之内，企业可能还没有盈利，这种情况下合伙人要求退出可以按其原始投入退回其投入的资金。

若是在合伙公司成立一年之后，但公司还没有盈利的情况下，合伙人要求退出，则以账面净资产作为公司价值来计算合伙人的退出资金。

若是合伙公司成立一年之后并且有了盈利，合伙人要求退出，可以按照公司净资产的倍数作为公司价值退出资金。当然公司的发展情况不同，这个倍数的评估也会有所不同。

对于以上财产分割的原则如果事先做出约定，就不会让公司因为合伙人的退出而陷入财产纠纷。

提前做好准备

合伙人要求退出时进行的财产分割，势必会影响公司的现金流。对此，公司在合伙之初就要未雨绸缪，做好充足的资金准备。不要因为某个合伙人的退出而影响公司的正常运营。

另外，合伙人的退出也会影响到公司的人才力量。对此，合伙公司要尽早准备，寻找新的适合公司发展的合伙人，及时为公司注入新的力量，从而保证公司的平稳发展。

第五章 遵守原则，合伙才能成功

充分运用法律手段

在有合伙人提出退出时，可以将相关事宜交给公司的律师来处理。一是律师通晓法律法规，由律师来与退出的合伙人进行洽谈或办理手续，会让退出合伙人感觉公平，不至于产生怀疑和不满情绪。二是通过律师来完成这些法律程序，更有助于维护双方的合法权益，能充分保护各方的利益。

可能大家对陈可辛导演的《中国合伙人》还记忆犹新，可以说这部电影所上演的剧情在现实生活中每天都在上演。而陈可辛导演本人也是饱尝了合伙人退出的辛酸。

1992年，陈可辛与钟珍、曾志伟合伙创办了UFO电影公司。之后导演李志毅和张之亮、编剧阮世生也加入了UFO的合伙团队。

两年之后，UFO的创始合伙团队有了一定的名气和身份。几个人的合伙开始变了"味道"，彼此之间也出现了诸多的意见分歧。在TVB买下UFO的在线电视播映权之后，曾志伟主张用这笔钱买房子做办公室，除了陈可辛之外，其他合伙人都同意曾志伟的提议。1996年，UFO被嘉禾收购。之后，昔日的UFO三剑客就走上了不同的电影之路。陈可辛拍完《甜蜜蜜》就去了美国；李志毅则去日本拍摄《不夜城》；张之亮拍了两部戏，也走了……

之后，陈可辛与黄建新、于冬又共同组建了"人人电影"，但三人的合伙也并不顺利，最终还是因为合伙人的退出以散伙收场。

陈可辛面对自己的合伙之路，他对世人说："暂时不想和别人签特别长的合约，还是先合作一次再说吧。站在利益的角度，如果有合伙人的话，一定先将利益说清楚，而且不要掺杂情感。"大概陈导真的是被合伙人的退出伤了心。

创业有太多的不确定因素，而陈可辛导演的案例也不是个例。陈导说得没错,站在利益的角度,一定要先将利益讲清楚,不要掺杂情感。这一点对于合伙公司来说非常重要。

如果合伙人在合伙之前就做好合伙约定、制定好合伙规则,"分手"的时候也会是好聚好散的大好局面,不会给任何一方带来伤害和损失。合伙人的退出未必是坏事,只要退出规则合理得当,对双方来说都会有新的不错的发展,风平浪静,好聚好散,对合伙公司来说再好不过。

第六章
订立清晰的合伙人制度，才能分合有序

合伙人制度是合伙公司有序运作的核心依据，没有好的合伙人制度，合伙人之间友谊的小船便经不起风浪，说翻就翻。因此，订立清晰的合伙人制度对合伙公司来说至关重要，在合伙人制度中，至少要包括：出资形式、合伙估值、如何分钱、如何退出这四大部分。

出资形式决定合伙深浅

有限合伙人应当按照合伙协议的约定按期足额缴纳出资;未按期足额缴纳的,应当承担补缴义务,并对其他合伙人承担违约责任。

——《中华人民共和国合伙企业法》

人普遍有一种心理:花钱买的、付出代价得来的才懂得珍惜。就像是恋爱中的男女一样,付出艰辛把对方追到手,才能让爱情更长久。对于合伙也是一样,合伙人不出资就没有心痛的感觉,也没有付出之后的倍感珍惜,因此也不会珍视自己的合伙人身份,更没有强烈的责任感和主人翁意识。

出资对合伙人来说,更像是一种押金,或者说是投名状。在这一点上,知名合伙公司高盛就很有先见之明。要想成为高盛的合伙人,不仅要缴纳高昂的入伙费,还需要将自己的大部分收益留存在公司作为股本金。

合伙出资并非只有现金这一种形式。除了现金之外,实物、无形资产和换股都可以作为出资形式。

现金出资

现金出资是最常见、最靠谱的出资方式。合伙人以现金出资,一方面表明了合伙人对公司的高度认同,愿意与公司风雨同舟、成果共享;另一方面现金出资能够增加公司的现金流,对于公司的灵活运作大有裨益。

在一些合伙公司里,一些员工为了成为公司的合伙人,可以将自己的年终奖金、项目承包收益等作为出资资本,甚至向公司申请担保贷款。而合伙人足额出资和部分出资又会在责任和权利上有所区分。

实物出资

实物可以作为合伙人出资的一种方式,包括房屋、机器设备、厂房等。合伙人以实物出资合伙,应该进行评估作价,即核实实物的产权,并对其价值进行真实的评估。在这之后,要依法办理财产权的转移手续和涉税处理。实物出资的税务处理主要包括:增值税、企业所得税、印花税、土地增值税和契税等。

对实物出资形式,《中华人民共和国公司法》和相关税法都有明确规定。

无形资产出资

用于出资的无形资产,必须是能对公司经营起到重要作用、能产生一定收益的资产。以无形资产形式出资也需要经过评估和所有权转移两个程序。

无形资产出资评估需要由第三方评估机构进行。通常通过"收益法"来进行,其中包括收益额、收益期限和折现率等指标。收益法评估是一种带有主观性的预测,难免存在一定的偏差,因此,公司会委托评估机构对无形资产涉及的收入部分进行实际调查,确保无形资产的收益价值。

在对无形资产进行评估之后,就要根据《中华人民共和国公司法》办理相应的财产转移手续,将无形资产所有权由股东变更为公司。

换股出资

换股出资是指合伙人以本公司的股票作为出资形式,来持有目标公司的一定比例的股票。这也是一种常见的出资形式。在换股出资中,合伙人不需要支付大量现金,因此也不会占用公司的运营资金。对目标公司来说,其股东可以推迟实现收益的时间,从而享受税收优惠。另一方面,换股出资会改变目标公司的股权结构,甚至会使之前的股东丧失公司的控制权。美的集团就用换股出资的方式吸收合并了美的电器,我们来看看事情的始末。

在换股出资前,美的集团是美的电器的第一大股东,持有美的电器41.17%的股份。在这次换股出资方案中,美的集团的换股价为44.56元/股,美的电器经调整后的换股价为15.36元/股,换股比例0.3447:1。换股后,美的控股持有美的集团35.5%的股份,比原来的59.85%降低了24.35个百分点。

美的集团整体上市后,其股权结构也会发生重大变化:美的控股持34.9%,战略投资者持12.3%,管理层持11.1%,普通流通股民持有41.7%。

美的集团吸收合并美的电器不仅改变了美的集团的股权结构,而且也更好地实现了资源共享。

合伙人出资形式的不同决定了合伙人在合伙公司中的地位、角色和收益的不同。对于这一部分内容,每个合伙公司都应该在合伙协议中做出明确的规定。出资越多、付出的越多,合伙人对于公司的用心程度和合伙深浅程度就会有所不同。这就是本节最初所说的"心痛的程度"决定了合伙人在意的程度。

合理估值，明确合伙人份量

在人生大事上学会运用经济学思考模型。人的价值高低取决于稀缺性，即不可替代性。所以，无论做什么工作或者选择和谁一起生活，都要把事情做到别人无法替代的程度，这是对自我价值最好的保护和经营。

——搜狐财经

合伙人对公司出资，就要对出资公司估值是在所难免。合伙出资不是小事，谁都不希望自己在"人生大事"上吃亏。合伙出资动辄百万甚至上千万、上亿，谁都会在意自己出资的价值，不想被贬低或者轻看，因此，合伙人估值的环节至关重要。

对于上市公司来说，融资时的估值更是必不可少的。公司从创立到上市会经历几轮融资，包括天使融资、A轮融资、B轮融资、C轮融资等。有融资就会有估值，而且不同的融资阶段也会产生不同的估值。合理的估值有助于公司创始团队清楚地知道可以出让的股份，做出相应的测算，从而应对公司控制权的丧失。

合伙人估值是对合伙人在合伙公司中的份量的衡量。因此，估值的方法必须是公平合理的才会被合伙人接受。常用的合伙人估值方法包括成本法、市场法和收益法。

成本法

用成本法对合伙人进行估值的衡量指标是市净率。这一指标适用于拥有大量资产且周期性比较强的行业。市净率的计算如下：

$$市净率 = 总市值 / 净资产$$

通常情况下，市净率越低，对投资者来说这家公司就越有利。国内风投能接受的市净率倍数在 2~3。

市场法

用市场法对合伙人进行估值的衡量指标是市销率。这一指标适用于利润为零或负数的电商、软件等公司，因为这类公司的未来价值会更高。市销率越低，说明该公司股票目前的投资价值越大。

2015 年，京东销售额为 1813 亿元，但净利润却亏损 94 亿元。面对这么大的亏损额，不必惊慌，这是正常的，因为这是一种战略性亏损。2015 年，京东为途牛网、永辉超市、金蝶软件、饿了么等知名企业投资共计百余亿人民币。从长远来看，这些投资是有很大的价值的。

市销率的计算方法如下：

$$市销率 = 总市值 / 销售额$$

没有销售，也就不会产生收益。因此该项指标既有助于考察公司收益的稳定性和可靠性，又能有效把握其收益的质量水平。

收益法

用收益法对合伙人进行估值的衡量指标是市盈率。这一指标是最普遍的衡量指标。收益法的适用情况恰好与市场法相反，一般不适用于盈利为零或负数的公司。市盈率的计算方法如下：

$$市盈率 = 当前市场价格 / 净利润$$

第六章
订立清晰的合伙人制度，才能分合有序

其中，市盈率在0~13，价值会被低估；市盈率在14~20，为正常水平；而市盈率在21~27，价值会被高估；而市盈率在28以上，就会出现投机性泡沫。由于市盈率把股价和企业盈利能结合起来，其水平高低更真实地反映了股票价格的高低。

市净率、市销率和市盈率之间也存在一定的关系。市净率与市盈率的比值就是净资产收益率。市净率和市销率只反映了企业的经营结果，但净资产收益率却反映了企业的经营水平、资产管理能力和负债水平，是更有评估意义的一个指标。

合伙人估值并不是一成不变的，而是需要在一定的情况下进行调整的。通常情况下，合伙人是按照经营指标的完成情况分期出资。但若是因为经营中的风险和各种影响因素让经营指标不能按期完成，合伙人就会对合伙公司进行估值调整。

当然，在公司估值的实践中，目前还没有一个完全适用于各个公司的公认的方法，本书所讲的估值方法也只是为大家提供一种思路和一个解决问题的切入点。正如管理大师们所说的，管理上没有最终的答案，只有永恒的追求。

分钱守规则,别让钱"惹事"

圣人不积,既以为人,己愈有;既以与人,己愈多。天之道,利而不害;圣人之道,为而不争。

——《道德经》

对合伙公司来说,分钱是比赚钱更难的事情。无论是网络上还是现实生活中,因为分钱时争夺利益而大闹矛盾的例子比比皆是。我们不得不感慨于钱的强大"力量"。钱让大家团结在一起,披荆斩棘、风雨同舟;钱也有让人反目成仇的力量,为了得到更多的钱,有的人不惜损害他人的利益。在合伙公司中,分钱也是件大事。处理好了,钱就会让合伙人乖乖地为公司的发展肝脑涂地;处理不好,钱也会"惹事",让合伙团队分崩离析。

合伙公司分钱的时候考虑的因素会更多,但最主要的原则就是公平。首先,合伙公司需要考虑公司的未来发展,又要考虑到股东利益,也就是公司要平衡分钱和存钱的关系,分多少?什么时候分?怎么分?这些问题都会影响到合伙人和公司的利益。那么,公司究竟该如何分钱呢?下面我们介绍几种分钱的模式。

考核分钱

考核分钱很好理解,就是根据对合伙人的考核结果来决定分多少钱。考核追求的就是权责利的对等,做到有奖有罚,赏罚分明。考核合伙人的绩效时会设置一个基准线,比如,给合伙人的绩效打分,如果分数低于60分,合伙人可能就会被取消考核奖金。在这种情况下要注意,取消考核奖金并不意味着取消分红,合伙人的分红还是要正常发放的。

另外,对合伙人绩效的考核要注意团队成绩的考核。如果团队考核的平均成绩优秀,就可以考虑整体增加奖励,如果团队成绩较差,就要实施一定的惩罚。

兜底分钱

兜底分钱与考核分钱不同,不会按照绩效考核的标尺来确定合伙人能分得的钱数,而是不论公司业绩是否达标或完成,公司都会按照事先定好的比例或固定的金额来给合伙人发放奖金等。

在实际操作中,可以在协议中约定固定收益或优选分红权,不会强制分红,但会通过约定的其他关联交易来兑现分红承诺。另外,协议中也可以规定大股东"强制分红"条款,也就是公司每年必须有一定比例的分红。

增量分钱

增量分钱也比较好理解,就是合伙人对于销售量增加的部分的分钱方式。这种分钱方式多见于业务员合伙人,在增量提成上采取累进提成法。

老王与老李合伙经营一家农副产品销售中心。其诚信经营使得老王和老李每年都能赚上一笔。但是每年的年终也是老王和老李最痛苦的时候,因为他们总是会因为分钱产生分歧。

这一年,分钱的大好日子又要到了。老王和老李合计着不能再继续无序分钱的状态了。于是二人一起想办法,决心要解决这个问题。二人经过合计,决定从每年的利润中拿出50%作为销售中心扩大发展的资本和运营资金,剩余的50%作为二人的分红。但是这50%怎么分呢?

老王和老李经过商议,决定按照创办销售中心时二人的出资比例来分。当初老王出资20万,占投资总数的40%,因此他能分到分红总额的 40%；而老李出资 30 万元，占投资总数的 60%，因此他能分到分红总额的 60%。

有了这个协议，老王和老李再也没有因为分红的事而出现矛盾。

案例中，老王和老李的分钱模式就属于兜底分钱模式。选定了分钱模式，合伙人都会遵守既定的规则，钱就不会再惹祸了。

事实上，无论采用哪种模式来分钱，只要是合伙人一致认可的都有助于愉快地分钱。只要合伙人觉得公平合理，相信无论采用哪种分钱的模式，合伙人都没有异议。

退出有秩序，好聚好散

现在合伙，一定要把合伙人的退出机制考虑进去，管你是老婆还是朋友，到点了，就得根据我们事先定好的规则，把事办了再跑。

——今日头条

世间之事，有聚终有散，合伙经营也不例外。合伙人退出的原因有很多，可能是合伙人与公司的理念产生了分歧，不认可公司的文化和经营方针，因而选择主动退出；也可能会因为合约到期，合伙人不想再续约而选择退出；还可能因为合伙人的某些行径给其他合伙人或公司带来了严重的损失，而被迫退出（罢免）。

无论是何种原因导致了合伙人的退出，我们都要提前做好准备，让合伙人的退出有序进行，好聚好散。

合伙人常见的退出方式包括以下几种：

绩效考核退出

在分钱规则中有依据绩效考核来分钱的模式，在合伙人的退出环节同样存在这种模式。绩效考核就是要实现合伙人的优胜劣汰。绩效考核就是要用结果说话，能为公司发展创造价值的优秀合伙人就可以继续留下，不能为公司发展创造价值的合伙人就要被迫退出。

荣誉退出

当合伙人达到退休年龄，就可以以荣誉合伙人的形式退出。以这种方式退出就使合伙人丧失了相应的权利，但是能够得到一部分的奖金分配。比如，2016年8月22日，阿里集团合伙人陆兆禧就正式退休，卸任CEO。根据阿里巴巴的合伙人制度，陆兆禧退休后将担任阿里的荣誉合伙人。

回购退出

回购退出包括股权退出和合伙金退出两种类型。股权退出就是股东合伙人持有的公司股权由公司进行回购。随着股权回购的结束，合伙人的股东身份也将终结。合伙金退出一般是指没有股东身份的合伙人的退出。持合伙金的合伙人退出时，公司会按照溢价或者折价的方式对合伙人的股权进行回购。这种方式的退出只是表明合伙人对合伙人身份的放弃，但并不影响其仍旧作为公司的普通员工。

上市退出

上市退出一般是对于股东合伙人来说的，对股东来说这也是最好的退出方式，可以有较高的投资回报率。当然这种退出方式需要公司上市之后才能实施，因此，合伙人要想以此种方式退出就必须等到公司上市。

上市退出还有一定的限制条件，会有一定的禁售期和转让比例限制。比如，新三板上市公司的董事、监事和高级管理人员所持新增股份在任职期间每年转让不得超过其所持股份的25%，所持本公司股份自公司股票上市交易之日起一年内不得转让。

北京九鼎投资于2014年4月23日在新三板挂牌上市，同时开始定向发行股票融资，成为新三板和净资产排名第一的公司。九鼎投资此次定增方案有独特的创新之处——预先设计了有限合伙人的退出制度。九鼎投资向138个投资者发行了股票，包括公司、合伙企业和自然人，而定增对象还包括了一些有限合伙人和公司高层。

当然，九鼎投资也在积极地为有限合伙人的退出做准备。2015年5月15日，九鼎投资通过竞价的方式拍得江西中江集团100%的股权，间接持有中江地产72.37%的股权。

第六章
订立清晰的合伙人制度，才能分合有序

2015年9月24日，中江地产又以9亿多元的现金收购了九鼎投资99.2%的股份和拉萨昆吾0.8%的股份，合计持有昆吾九鼎100%的股权。九鼎投资就这样将最牛的私募业务装入了上市公司，为有限合伙人的退出创造了条件。

同年11月30日，中江地产又向九鼎投资、拉萨昆吾和天风证券定增股份，实现了股权结构的调整与变更。同年12月8日，九鼎投资变更为九鼎集团，而其注册资本也高居新三板企业的榜首。

2015年12月25日，中江地产更名为九鼎投资。

九鼎投资是极其"聪明"的，早早就为有限合伙人的退出准备了退路，这正是我们大多数合伙公司应该借鉴的地方。能够做到有序退出，才能促进合伙公司的高速发展。

第七章
懂得相处之道，才能和气生财

　　进入合伙团队，合伙人之间就会朝夕相处。因此，合伙人必须懂得为人处世的相处之道，通过巧妙的处理方式来消除合伙人之间的隔阂与矛盾，这样合伙人团队才能愉快地团结合作，共同向着统一的目标前进。对合伙人来说，"和"也是一件大事，和气才能生财。

不能只看私利，公司有利你才有利

人人好公，则天下太平；人人营私，则天下大乱。

——清末小说家 刘鹗

我们都清楚，你给某个公司投资，不是拿着自己的钱去做不计回报的雷锋，而是希望通过自己的投资和努力，赚取更多的财富，获取更大的成功。每个人都有自己的想法和追求这很正常，但既然加入了合伙团队，你和其他合伙人就是一条绳上的"蚂蚱"，大家好才是真的好，公司赚到了你才能赚到，公司在行业中有一定的实力了，你才敢于谈发展和前途。

既然选择了与其他人合伙，就不能只看一己私利，必须要顾全大局，上下同心为公司创造价值。如果合伙人一味地谋求私利，势必会影响其他合伙人的利益，也会影响公司的发展。

李良军大学毕业后与室友吴天一起开了一个书店。书店地处学校附近，加上销售的书都是青春文学和励志类书籍，深得校友们的喜欢。书店生意非常红火。

但是过了一段时间，李良军发现有些不对劲，盘点的时候，有些书的册数总是对不上，会少那么几本，可再过一段时间盘点的时候，某些书的册数又会发生变动，之前缺册数的书又不少了，但其他书也可能会出现少几本的情况，而且数量对不上的基本都是近期的畅销书、热销书。

第七章
懂得相处之道，才能和气生财

书店由李良军和吴天分时间打理。李良军一般上午看店，而吴天下午看店。原来吴天在晚上打烊之后，就会带上畅销的书籍推荐给周围的邻居和好友，有人提出租看和购买的要求，吴天也不会拒绝，但是他收取的钱也没有在书店入账，而是揣进了自己的腰包。

对于吴天的这一行为，起初李良军怎么都不敢相信，直到有一天，吴天的一个邻居去书店还从其手上租来的书，李良军才发现问题的所在。虽说吴天私吞的钱并不多，但是李良军不能接受吴天私下里的"小经营"，而且吴天的行为给书店的正常运转带来了很大的困扰，不仅会让账目出现问题，而且影响了李良军对吴天的信任。

李良军找吴天沟通这个问题，但是吴天不仅没有认识到自己的错误，反而觉得李良军小题大做了。虽然后来吴天的行为有所收敛，也把业余开展的图书租赁业务正式发展到了店面，但还是让李良军心存芥蒂，双方失去了信任。

在上面的案例中，吴天在没有与李良军商议并取得认可的情况下，私自将书店的书拿到外面去获取利润，在李良军看来，这就是一种自私自利的行为，而没有顾全书店的大局，让书店的账目和经营出了问题。

在现实中，李良军和吴天的小书店只是自私自利行为表现的冰山一角，不足为谈。在其他合伙公司，甚至是上市公司，都可能存在合伙人只顾自己私利，假公济私、中饱私囊的情况。这种情况甚至会引起一个大公司的轰然倒地。

私利会瓦解信任

如果在一个合伙公司中，有的合伙人只顾自己的私利，其他人却埋头苦干，一心只为集体着想。这些只顾自己的人，终究会引来其他合伙人的反感和鄙视。他们的自私自利，也会让其他合伙人不再信任他们，渐渐将其孤立起来，更不会对他们委以重任、授以大权。

合伙人制度：颠覆传统企业模式的公司治理实战全案

私利会损害集体利益

合伙公司就是一个集体，公司就像一个大舞台，所有合伙人都在这个舞台上共舞。如果有人为了彰显自己而破坏了统一的步调和节奏，那就会显得非常不协调，也会降低舞台的整体效果。在合伙人中，如果有人假公济私、以权谋私，只想着自己得到的更多，就会损害其他人的利益和公司的整体利益。然而损害了公司利益对自身也没什么好处。因为既然身处公司这个大舞台上，舞台整体和谐、震撼人心才是最大的胜利，个人的翩翩舞姿反而是哗众取宠的小丑。

私利会破坏合伙

谋求私利的人有时候会让合伙团队散伙。因为只顾自己利益的人，不仅会破坏合伙人之间的信任，也会让其他合伙人心理感到不平衡，从而丧失工作的积极性和对合伙的信心。俗话说，人心不齐万事难成。合伙人中有人生了异心，就会引起合伙人的人心动荡，让公司合伙团队毫无凝聚力可言。慢慢地，合伙团队终将成为一盘散沙，甚至散伙。

由此看来，在合伙公司中，自私自利之人不可留，自私自利之思不可取。当这样的合伙人为了满足自己的利益而不惜伤害其他合伙人和公司的利益时，他还伤了大家的心。要知道公司有利你才有利可图，公司的境况一片凄凉，你也好不到哪去。在合伙公司中，一损俱损，一荣俱荣就是这个道理。

分工明确，权责清晰

贤主劳于求贤，而逸于治事。

——《吕氏春秋》

有的人说，反正大家都是为了一个目标在干活，那就有什么能耐使什么能耐，有多大力气使多大力气。反正合伙创业的时候，大家都"歃血为盟"了，要有福同享有难同当，只要心在公司，只管努力干就可以了。

真的只要努力就够吗？真的只要有才就可以吗？答案是否定的。合伙人有才能、肯努力再好不过，但还要懂得分工合作，明确权责，否则大家就会像一团热锅上的蚂蚁一样，乱成一团，看似很忙很努力，实则收效甚微。

在中国古代，刘邦就是一位知人善任，能明确分工与权责的明主。刘邦没有文韬武略，但却成就了一方霸业，为什么？因为刘邦能够"运筹帷幄之中，决胜千里之外，吾不如子房（张子房，即张良）；镇国家，抚百姓，给饷馈，不绝粮道，吾不如萧何；连百万之众，战必胜，攻必取，吾不如韩信。三者皆人杰，吾能用之，此吾所以取天下者也。"

刘邦能根据张良、萧何和韩信的长处，给其明确分工，三人能够取长补短、明确分工，各司其职、各负其责，才能更好地发挥人才的作用，让国家有序运转。

合伙人制度：颠覆传统企业模式的公司治理实战全案

对合伙公司也是一样，人才来到了公司，就要给予合理的分工，明确权责才能高效工作。如果不能合理分配工作，而是合伙人自己想干什么就干什么，那公司就乱了，合伙人可能会重复工作，也可能有的工作项目会无人问津。这既是对人才的浪费，又是对人才的不尊重。

某公司的总经理最近陷入了苦恼之中，他不明白为什么他减轻了采购主管的工作，反而惹得采购主管不高兴了；也不明白，为什么他重用了新来的总经理助理，反而让她辞职了。

原来，这家公司的总经理助理刚招来没多久。总经理为了考验她的能力，于是把采购主管的大部分工作分给了总经理助理来做。总经理助理每天被这些工作整的焦头烂额，而助理分内的本职工作却没做多少。

采购主管也不满意了。本来采购部门是按照业绩考核发奖金的。采购任务完成地好，就可以多得到一部分奖金。可现在，他的工作几乎全部被总经理助理承担了，奖金也没了着落。

总经理的一番"好心"却没有得到好报，让两个能力很强的员工乱了阵脚，并产生了怨言，而且工作开展的非常不顺利。采购主管的收入下降了一大截，心理感觉很不是滋味，于是两个月后离职了。而总经理助理也觉得这份工作并不适合自己，与自己的专长不匹配，也在三个月的试用期将满时离职了。

案例中，总经理的困惑就在于他没能给公司中的人才合理分工，权责不清，让两个优秀的人才感到了工作的混乱和无助感。后来，这位总经理明白了问题的所在，亲自登门请回了两个人才，重新明确了二人的工作内容和职责所在，公司的工作开始变得井井有条，而且工作效率也有所提高。

在合伙公司中，如何才能做到合伙人的合理分工呢？

清楚合伙人的特长所在

合理用人首先就得知道人才的特长所在，这样才能知道把人才放在哪里更合适。要想做到知人善任，在招募合伙人时就要把好关，让进入公司的合伙人能够取长补短，而不是优势集中。只有清楚了每个合伙人的特长，在安排工作时也就不会发生冲突了。合伙人能各得其所、各负其责，自然能够焕发出无穷的动力。

让有能力的人做管理

管理非常考验一个人的能力和智慧。因此，把合伙人招募进来，在他精通的领域给他一定的权利，他就可以帮你管好这片天地。让有能力的合伙人做管理更有助于提高他的责任感和主人翁意识，他们便会尽最大的努力把工作做好。

让行业尖兵做技术

技术合伙人对于一个公司来说，可能是最关键的合伙人之一，因为技术决定了产品的成败。如果你招募了行业里的专家级人物做合伙人，这个合伙人肯定更适合负责技术领域。

平衡各个岗位的权责利

光把合伙人安排到合适的岗位上还不行，还要兼顾各个岗位之间的平衡。因为大家都是公司的合伙人，如果在待遇、职级或者分红等方面存在不公平现象，特别是让相对平庸懒惰的人得到了高的职位和报酬，就会引起其他合伙人的不满。因此，公司必须平衡各个岗位的权责利，让合伙人之间达到一种平衡的、和谐共处的状态。

对于合伙人团队的管理，要想维持团结和谐的局面，就要让合伙人明确分工、各得其所、各尽所能。这样才能激发合伙人为公司发展全力以赴的决心和信念。

争名利不如争人缘

怎么算成功呢？拥有金钱、名利吗？在李开复眼中，你的价值不在于拥有多少，关键在于你留下多少。

——前谷歌全球副总裁 李开复

无论是合伙人还是普通员工，都是凡夫俗子，一些人总是逃不过功名利禄的诱惑。这些人无论身在哪里，都免不了和周围的人争名夺利。虽然这可以促进一个人的进步，但商场中的"打打杀杀"却伤了彼此之间的感情。

有时候，职场上的勾心斗角会让一个人被孤立起来。没有人喜欢和心机很重的人为伍，也没有人喜欢和处处算计的人为伴。在合伙公司中，讲究的是团结一致，各自为伍反而重创了公司的实力，而且也会让自己变成一个没有人缘的人。

小李是个喜欢追逐名利的人。他在上一家公司因为和另外一个高级工程师争职位失利而选择了离职，现在又应聘到江苏的一家机械生产厂工作。他的想法很简单，对自己的专业能力也很自信，他觉得哪怕现在老板看不起他，凭自己的实力一步一个脚印，终有一天他也能坐到一人之下万人之上的位置。

自高自大的小李最受不了别人对自己指手画脚，在新的岗位上他又得屈居主管之下，自然少不了听取主管的发号施令。这让他心里觉得非

第七章
懂得相处之道，才能和气生财

常不爽。于是他开始算计主管，给主管挖陷阱或者故意刁难。

但主管是个见多识广的人物，对于小李的招数统统不予理会，见招拆招。小李不仅没有撼动主管的地位，而且还让同事非常反感他的行为。虽然小李有着较高的技术和行业水准，但是大家也不把一个只知道争名夺利的、人品有问题的人放在眼里。小李明显感觉到大家都不愿意和他说话，甚至故意躲着他走。

在公司的晋升表彰大会上，小李再一次落榜了，没想到连技术不如他的人都得到了表彰。他非常苦闷，有一种怀才不遇的感觉。于是，开完会的晚上，他一个人在公司附近的餐厅喝闷酒。主管早就注意到了他失落的表情，于是尾随他来到餐厅，假装偶遇和他坐在一桌聊了起来。

小李一吐心中的不快，并且直问主管"为什么不接受他的挑战？"主管见他把话说开了，也就对小李说出了真心话："你那些小招数啊，在我这没用。说实话，在你面试的时候我就调查过你的情况了。我仰慕你的技术和才能，要想重用你，但必须先灭了你争名夺利的锐气。如果你能放下功名利禄，你的内心就会轻松许多，也必定会成为一个大家都认可的人才。"

小李深思主管的话，觉得自己这些年到处争名夺利，确实是伤了自己也伤了他人，到现在自己连一个真心相待的朋友都没有，活得还真是失败。于是他痛改前非，真诚地与每一个人交往，热心地帮助他人。很快他就与同事们打成了一片，处处都有他们的欢声笑语。

三年后，公司又一次领导换届，老主管要退休了，而同事们一致推荐小李为新主管。

案例中，小李刻意争名夺利却未能如愿以偿，反而伤害了自己、伤害了同事。当他听从了主管的劝解，开始改变自己，放下了功利心而对同事团结友爱，反而得到了同事的认可、帮助和支持，进而实现了自己的梦想。

人生在世，每个人对人生的期许都不同。有的人看到他人名利双收、高高在上、一生荣华，就非常羡慕这样的人，并且也想成为这样的人。这并没有错，但是在追求名利的路上要用正确的方法。

一心只想着名利而不顾他人的感受和利益，你的收获可能就是踩着别人的肩膀而获得的，虽然自己实现了理想，却伤害了他人的感情。渐渐地，没人再愿意为你垫背，更没有人愿意与你为伍。如此一来，你便会渐渐地变成孤身一人，即便再多的名利又有什么用，没人分享、没人赞赏的成就也只不过是一池泡沫。

相反，只有重视与他人的感情和合作，能够设身处地地为他人着想，与他人建立信任，互帮互助，合作共赢，你就能借助众人的力量取得更大的成就，并且尽快达成理想。

因此说，功名利禄不如好的人缘。因为在当今社会，人脉就是最大的资源。

第七章
懂得相处之道，才能和气生财

合伙创业，有想法就要及时说出来

说出来会被嘲笑的梦想，才有实践的价值。

——佚名

合伙，本就是一个群策群力的过程，这也是合伙经营的目的所在。这群策群力还有一个关键，敢说、会说，也就是要会沟通。说的内容有很多，可以就一件事情互相交流意见和决策，可以沟通合伙人之间的矛盾和不快，可以指出公司发展的弊病，也可以是突发奇想的一个点子，甚至是有情绪可以发泄出来……

说，可以帮助我们沟通很多问题、化解诸多矛盾。因此，作为合伙公司的合伙人，有想法、有问题要及时说。

杨帆和刘明浩在大学时就是好朋友，又同在一个寝室生活了4年，毕业前夕，两人开发了一套小程序，深受年轻人的喜爱，也为他们脱离父母的帮助走向经济独立创造了条件。

这个小程序的火爆得到了某网络公司的重视。于是该网络公司用600万的高价买下了他们的小程序，并接受杨帆和刘明浩成为公司的合伙人，来进一步完成程序开发工作。

来到高端大气的网络公司工作，杨帆和刘明浩感觉生命的幸运之神真的很眷顾他们。因此二人更加努力地工作，很快就融入了公司的大环境。杨帆和刘明浩与公司其他的同事一起，为公司的未来打拼。可是没过多久，二人便发现了现行项目上的纰漏。

面对这么大的问题，两个初出茅庐的学生有什么资格来评论或者指点。于是杨明浩选择了静观其变，他怕判断失误而遭到其他合伙人的排挤和嘲笑。而杨帆却不这么想，他觉得既然发现了问题，就应该将问题消灭在萌芽时期。如果这个问题属实，尽早发现早日解决最好；若是没有问题，那自然更好。于是杨帆将他和刘明浩一起发现的问题在部门会议上提了出来。

对于杨帆的意见，公司有些元老觉得杨帆多虑了，而且觉得他们资历尚浅没有发言权，但公司总经理非常重视这个问题。经过全员的测试和排查，杨帆说的果然没错，并把这个问题消除在萌芽阶段。

之后杨帆又为公司的研发项目提出了诸多改进意见，经过合伙人讨论认定，大部分都得到了采纳。杨帆在公司的地位有所攀升，而且其能力也得到了大家的认可，同事们都喜欢找他商量方案。

而刘明浩则保留了自己保守的风格，兢兢业业地做好自己的本职工作，却很少与其他同事讨论、创新。渐渐地，刘明浩华光尽失，成为了一位平庸的合伙人。

案例中，杨帆有什么想法就及时说了出来，才让问题没有发展得更严峻。而且，杨帆敢说、会说，解决了公司项目的诸多问题，避免了诸多麻烦，为公司创造了价值。而刘明浩却因为不敢开口说，虽在职业生涯中平平稳稳，却成为了平庸之辈。

说出来可以平息怒火

在合伙公司，既然是大家一起共事，难免会产生矛盾，甚至也会有愤怒的时候。对公司、对其他合伙人有意见，不要闷在心里，可以大声说出来。说出来，心中的愤怒和不满就会得到发泄，说出来更会引起公司的重视，以便解决这些矛盾和意见。

第七章
懂得相处之道，才能和气生财

说出来才可以解决问题

合伙公司，集众人之智可以所向披靡，在合伙过程中，也难免会出现问题。比如当你觉得公司决策欠妥的时候，你应该大胆地把自己认为正确的想法说出来，就像上文案例中的杨帆一样，说出来才能让公司看到问题所在，才能进一步解决问题。

说出来才有可能得到支持

有的人天生思维活跃，甚至会产生一些奇思异想，说出来让人觉得不可思议。有的人觉得太过离奇，权当玩笑一笑了之；有的人觉得有点意思，会打开他的思维，能改变他思考问题的角度；当然也会有人认为这些想法可以一试。把你的想法说出来，你会得到集中态度：不屑、支持或反对。烂在肚子里不说，你得到的只有一个结果：成为你自己的秘密，与这个世界无关。因此，把你的想法说出来，可能就会得到一些人的支持。

总之，身为合伙人的你，为了维护自己和公司的权益，一定要及时把自己的想法说出来。说出来，就是机会，不说连机会都没有。

谈钱不一定伤感情，避而不谈更不行

谈钱伤感情，不谈钱没感情。

——马云

在日常生活和经营合作中，谈及钱的时候，人们总会说"我们不谈钱，谈钱伤感情。"其实在说这句话的时候，也许一些人心里就在打鼓：真的不把钱的问题谈清楚，万一自己吃亏了怎么办？可是碍于感情和面子，一些人还是决定先不谈钱，甚至把自己的利益所得寄托在对对方的信任之上，觉得感情摆在这里，对方应该不会亏待了自己。

然而，非常不幸的是，很多时候，这种感情信任并没有得到好的结果，结果可能与自己的期望相差很大。这个时候，你才会幡然醒悟自己信错了人，当初应该签个合同把钱的事弄清楚。有过一次吃亏和错信的痛苦经历，你便对合伙人失去了信任，你们之间的深厚感情也会土崩瓦解。在现实中，这样的例子不在少数。

朱涛和刘峰是好朋友。两人从小一起长大，却练就了不同的本领。

刘峰从小喜欢画画，长大后从事了平面设计工作，精通各种电脑设计软件的使用。刘峰大学毕业后，在一家广告公司历练了两年，积攒了一些财富和人脉，然后开了自己的工作室，为有广告和设计需求的人提供服务。

朱涛则进入了外企，开始只是一个小小的产品销售，但凭借自己的

第七章
懂得相处之道，才能和气生财

努力，很快就晋升为产品总监，全权负责产品的相关事宜。2017年，朱涛所在的公司开发了新产品，正要进行大面积的轰炸式的宣传。朱涛想到了自己的朋友刘峰，决定把公司的平面广告宣传业务都交给刘峰来做。一来，朱涛觉得刘峰肯定会对他的事更上心，肯定会办得妥妥帖帖，而且也会给他一个实惠的价格。二来，朱涛也想在朋友面前卖弄一番，让刘峰看到他的权利和地位，以及对刘峰这位朋友的照顾。

朱涛约了刘峰在他们经常聚餐的餐厅见面，两个人一边吃喝一边聊合作的事情。刘峰感谢朱涛给他这么一大单生意，当即表示以最优惠的价格给朱涛，并拿出合同以表诚意。

朱涛见状反而不好意思了，他端起酒杯，说："来来来，咱们哥俩还需要合同吗？我信你。来来来，喝酒。"就这样，第二天，刘峰就开始为朱涛大胆筹划，并且很快给了朱涛满意的产品设计，朱涛公司新品的平面宣传非常成功。

事情结束三个月了，刘峰向朱涛问起合作款项的事。朱涛说："我正想着这事呢？你把报价发给我吧。"等刘峰把价格发给朱涛以后，朱涛傻眼了，这笔费用超出了公司的预算，原因不是刘峰给的价格不公道，而是朱涛当时并没有给出刘峰具体的方案和公司预算，这个方案完全是刘峰个人才能的发挥，已经远远超出了公司的预算。

朱涛感觉很为难，他不知道该怎样和公司解释，也不知道怎样和刘峰交代。他心想，要是当初把广告方案和钱的事提前定下就好了。

案例中，朱涛没有就合作的细节与好友刘峰交代清楚，所以才闹出了这样的乌龙。但好在好友刘峰没有为难朱涛，接受了公司的预算。但是，自此之后，二人之间虽然仍有合作，却再也没有因为钱的事出过嫌隙。

在现实中，钱是一个很重要的角色。在某种程度上，钱是人的尊严，更是人获得感情的一种方式；钱象征着地位，但也能为人换来脸面。

143

谈钱可能会伤感情，但是不谈钱只会让感情伤得更深。

　　因此，作为合伙公司的合伙人，首先要和你的战友把钱的事情谈清楚。每个人心里都明明白白的，就不会总是生活在揣度和不安之中，合作起来也会更加放心大胆。

意见不一致，最终谁拍板？

> 决策者的大智，指具有相当的专业知识，大慧指有智慧也有德行，三者合一，才是大智大慧做决策。
>
> ——曾仕强

人人生来就有着不同的性格和思想，更会有自己的人生观和价值观，即便是双胞胎也会有意见相左的时候，何况是原本陌生却为了某种共同利益而走到一起的合伙人。

在合伙公司中，矛盾在所难免，意见不一致也在所难免，在这种情况下，如何做出决策？听谁的？这就成了难题。

其实说难也不难，在合伙之初就确定一个最后拍板的人，问题就解决了。但是大家同是公司的合伙人，怎样产生出一个拍板的人呢？又凭什么让所有的合伙人都听他、信他？

拍板的人应是大家公认的权威人物

拍板是件大事，因此，能在合伙公司对大小事务拍板做决定的人必须是一个英明、睿智的人，而且也是一个得到众合伙人认可和信赖的人。拍板的人必须具有一定的权威性，一是权威人物更能做出对公司发展具有促进作用的重大决策，二是权威人物具有一定的公信力和影响力，他们的技能或是智慧会超越其他人，能够让人信服。

拍板的人应是大家的榜样

拍板的人在合伙人心中必定是一个光芒万丈的人物，处处敢为人先，处处是合伙人的榜样。榜样人物才能更好地解答合伙人心中的困惑,而且榜样人物的建议和指导更能被合伙人接受和执行。

拍板的人应该拥有长远的眼光

拍板的人首先能够考虑大局,要有长远的眼光,能够看到公司未来的发展所需。如果拍板的人鼠目寸光,只顾解决眼前的问题,不懂得居安思危、未雨绸缪,终会给公司的未来带来危机。因此,让有长远眼光的人来拍板,更能够帮助合伙人和公司规划好未来发展。

拍板的人可以冷静决策

拍板做决策的人应该是一个沉着冷静的人,而不是一个头脑发热的人。头脑发热的人做出的决策往往会是一时的冲动,这样的决策没有经过冷静的思考和时间的沉淀,可能看待问题的角度和对问题的解决方案上并不是很成熟,头脑一热就拍板了难免有失妥当,而沉着冷静的人在做决策的时候就会十分谨慎,往往也能够考虑得更全面、更细致,这样的决策也不容易出现纰漏,更能得到其他合伙人的支持和认可。

众所周知,华为的员工持股可谓是轰轰烈烈、深得人心。华为虽然不是上市公司,但在华为年收入近100万元的人不在少数。华为不上市并不是因为没有资格,而是华为的老大任正非长期坚持把公司利益分给员工的结果。这是任正非的英明决策。

华为99%的股权被华为员工通过工会持股持有,员工持股的数量多得惊人。按照传统规律,持有股份最多的股东就拥有拍板的权利,但是在华为不是这样,任正非的股权虽然没有绝对优势,但他依然是对华为事务进行拍板的人。他是怎么做到的呢?

华为的工会委员会作为员工持股的统一管理平台,这个平台选出了51个员工代表,并在此基础上推选出17人的华为投资控股有限公司董事会成员团队。而且,工商局登记资料显示,华为的股东有两个:工会委员会和任正非。工会委员会出资比例为98.99%，任正非出资比例为1.01%。

从这种股权架构来看，任正非是华为的普通合伙人，也是实际的公司控制人；而工会委员会就是前文所讲的有限合伙人，对公司没有管理经营权，也就没有控制权，只是为持股及事业合伙人提供平台。从这一点上来说，任正非虽然只有比1%略多一点点的股份，但其拥有对公司的绝对控制权。

另外，华为的一票否决权无疑是属于任正非的，也让任正非对华为的控制得到了加强。

然而，任正非并不失为一个英明的决策者，他不仅将华为上上下下打理得井然有序，而且还将华为发展成为世界500强之一，关键是华为的员工还激情满满、斗志昂扬，毫无怨言，这才是叫人称奇的地方。合伙人对任正非的能力和眼光都是高度认可的，因此也愿意在任正非的带领下奋斗。

可以说任正非是一个睿智的决策者，他有着大智大勇和未雨绸缪的智慧。任正非在华为实施了末位淘汰制，并提醒合伙人时刻警惕华为的"冬天"的到来。可以说他就是一个具有超前眼光的领导者，他的决策总是能够让合伙人心服口服。

像任正非这样的英明决策者还有很多，但是一些中小微企业却缺乏这样的人才，因此这样的公司总在挫折中徘徊前进。但是无论如何，每个公司都需要一个能够最终拍板的人，我们必须找出团队中最能扛得起大梁的、大家最敬佩、最信任的那些人。

有矛盾不可怕，冷静解决

从容不迫的举止，比起咄咄逼人的态度，更能令人心折。

——三毛

生活中我们常说"家家有本难念的经"。然而，不光是家庭，公司经营的过程中也会有难念的经。特别是在合伙公司中，合伙人团队都是精英人士，都有自己的主见和思想。在实际工作中，难免会因为自己的观点与他人相悖而使合伙人之间产生分歧，也难免因为利益分配的问题让合伙人之间产生矛盾。有矛盾不可怕，关键是要冷静解决。

张超和张伟两兄弟合伙经营一家农场，后来由于农场发展壮大，两兄弟又将其两个大学同学拉来作为合伙人，帮忙经营农场。

有一年，天公不作美，暴雨和冰雹将农场的作物和环境破坏得非常严重，当年的果树可谓是全部遭了秧，几乎颗粒无收，剩下的也成了残果，被冰雹折磨得到处都是"眼睛"。而且果树的枝干也遭到了大面积的破坏，势必会影响明年的产量。

面对这样的结果，几位合伙人很是痛心。而对于这片果园的处理也成了难题。留呢，这些身有"残疾"的树的产量谁也不敢保障；砍了，实在是可惜，培育新的果树也需要一定的时间。众位合伙人一直犹豫不决。有的说，砍了，从根源上解决问题；有的说，不能砍，砍了近一两年农场的利润会成问题。且不论谁的观点正确谁的观点错误，几个合伙

第七章
懂得相处之道，才能和气生财

人各执一词，最后近乎吵了起来，因为合伙人由讨论问题变成了人身攻击，开始批斗他人没见识、目光短浅等。

眼看几位合伙人吵得不可开交，张超却站出来说："大家别吵了，还是先回去冷静冷静，好好想想办法吧。"于是几个人各自回了家。

第二天，张超又组织大家到了一起，这次他提出了一个要求。一个一个说，先说出自己的想法，然后说出这样做的利弊。这下大家不吵了。其中还有个人说出了一个让大家眼前一亮的计划：果断砍掉，然后玩承包。承包给城里的白领，让他们自己种、自己收，农场帮他们平日里看护、打理，然后按照一定的标准收费。

这一办法通过了大家的一致认可，几位合伙人再也没有因为这片果林的问题而吵起来，而是兴高采烈地开展了新的计划。

案例中这样的故事天天都在发生，因此，可能很多人也都不在意这样的"小事"，觉得人与人之间吵吵闹闹很正常。其实不然，如果合伙人之间整天这样矛盾重重、针锋相对，哪还有心思好好工作。

都说冲动是魔鬼，这话一点没错。冲动之下，说出的话就会带刺，出口伤人，激化人与人之间的矛盾。如果不能冷静下来，好好说话，即便是两人之间有矛盾，也会渐渐被冷静的对话和沟通所化解。

出现矛盾先从自己身上找原因

合伙人之间出现矛盾在所难免。出现矛盾之后不要只忙着为自己争辩，不要只顾及自己的感受和情绪就对对方大声咆哮。在这种糟糕情绪控制之下，双方的思维都会陷入混乱和不理智。如果你肯将自己糟糕的情绪停顿几秒，静下心来先找找自身的原因，而不是一味地指责对方。多从自身找原因，有助于平息自己的怒火，从而更好地化解矛盾。

出现矛盾要换位思考

懂得为他人着想，能换位思考的人才能得到更长远的发展。合伙人之间出现矛盾的时候，如果能冷静下来，站在对方的角度想一想，他为什么会反对自己，为什么会因为自己的话语或行为而翻脸。如果你能冷静下来弄清楚这些问题，或许就不会急着跟对方大吵了。能换位思考就能理解对方的苦衷，自己的情绪也会得以缓和，能够更理性地看待二人之间的矛盾，并且理性解决。

无法调和就先分开冷静一下

如果合伙人之间的矛盾实在无法立马解决，而且双方的情绪都很激动，那么不妨先暂时将这件事情搁置下来，大家分开各自冷静一下。等情绪平复了，再理顺思路凑到一起好好谈谈。经过一段时间的冷静思考，相信双方再见面就不会像之前那样鲁莽了。

总之，合伙人之间出现矛盾不可怕，只要冷静下来，真心寻求矛盾的解决之道，相信定会守得云开见月明。

第七章
懂得相处之道，才能和气生财

多沟通，问题就好解决

如果你是对的，就要试着温和地、技巧地让对方同意你；如果你错了，就要迅速而热诚地承认。这要比为自己争辩有效和有趣得多。

——戴尔·卡耐基

无论何时何地，沟通都是一个"主角"。生活中，我们需要和父母沟通、和孩子沟通，还要和邻居、亲朋好友沟通。工作中，需要和上级沟通、需要和下级沟通，需要和客户沟通、需要和供应商沟通。沟通无处不在，在合伙公司中出现问题更应该通过积极的沟通来解决。

合伙人之间的沟通显得更加重要。小到一个方案决策，大到公司战略，合伙人之间的沟通无处不在。

沟通让合伙人思路开阔

合伙人之间经常沟通，彼此之间交换意见、交流想法。一个人提出一个想法，那么，合伙公司就会产生几个想法；一个人给出一条中肯的建议，那么合伙公司就会收获多条好的建议。沟通，你一言，他一语，也许你的某句话或者某个词语就会刺激他人脑洞大开，又会联想到新的想法。通过沟通，每个合伙人的思路都会更加开阔。

沟通让解决问题的办法更灵活

沟通可以让合伙人之间不断迸发出默契的火花，可以让合伙人互相激励、互相提醒，会让每个合伙人的头脑更加灵活，也会让解决问题的方式更加灵活。

真诚的沟通化解矛盾

合伙人之间的矛盾也可以通过真诚的沟通来化解。真诚的话语、真诚的眼神、真诚的心灵都可以感动对方。对方感受到你的真诚,内心就会感到温暖和善意,矛盾自然也就没那么尖锐了,这就为良好的沟通和矛盾的化解创造了契机,把话说好了、说开了,矛盾也就消除了。

在春秋时期,有这样一个故事:

孔子在周游列国时,连年的战事使得民不聊生。孔子与其弟子一行已经几天没吃过一顿米饭了。正在大家煎熬之际,颜回要到了一些生米,大家高兴地等待饭熟。就在饭快熟之际,孔子看到颜回偷偷抓了一把米饭放到嘴里。当时孔子没有作声。

等到饭煮好后准备开饭时,孔子若有所思地说:"我想把还没动过的米饭拿来祭祖,因为刚刚我梦到祖先来找我了。"

孔子这么一说,颜回慌了,连忙说:"不可以,我已经先吃一口了,不能再拿来祭祖了。"

众人都诧异地望着颜回。颜回羞红了脸,说:"刚才饭里不小心掉进了一些染灰,这些染灰的饭扔了太可惜了,我就只好把饭抓起来吃了。我不是故意的。"

众人恍然大悟,而孔子也开始在内心自责,并且说:"我最信任颜回,但仍然会怀疑他,实在是不应该。"

在上面的案例中,孔子对颜回的行为和人品产生了怀疑,因此而设计了这么一出"祭祖"的戏码,想揭发颜回。但是当他们把话说开以后,误会就消除了,而且让颜回重新获得了众人的信任。

如果孔子在发现颜回的举动之后,没有与其沟通,而是将自己的疑虑藏在心里,处处对颜回设防,想必他们之间的误会就不会解开,信任也不会重新建立起来。可见,沟通是解决问题的有力武器之一。顺畅的沟通、良好的沟通能够及时消除人与人之间的误会，增进人们之间的感情。

在一个合伙公司中，姜博和杨柳都是公司的合伙人。姜博主要负责技术生产，而杨柳主要负责市场维护。有一次，公司的一位客户来到公司找杨柳商议订货的问题，恰巧杨柳外出了。于是客户来到了生产部门，姜博热情地接待了客户。

客户说起了自己的产品需求，姜博发现客户的需求与公司的产品是有一定差距的，公司产品的某些参数并不能达到客户的要求，只能勉强满足客户的需求。换句话说，公司的产品与客户的需求不是十分匹配。姜博如实地跟客户说明了情况，并且表示，公司正在做技术上的改进，客户需要的产品在四个月后会正式投入生产，五个月左右客户可以拿到货，不知道客户可不可以等。

客户听完姜博的叙述，深思一番，决定这批货先从其他厂家来进，但是他对姜博的坦诚和专业表示高度认可，并且表示下半年的订单一定会跟姜博的公司来签。

杨柳回来之后，姜博对其说明了情况。杨柳有些不开心了，他觉得客户一直用公司的产品没出过大问题，是姜博多事才丢了这个订单。

下班后，姜博找到杨柳，把事情的原委和这样做的利弊与其做了深入的沟通，为了弥补杨柳的损失，姜博还给杨柳介绍了两个新客户。两个人就这样和好如初了，并且杨柳也学习姜博的处事风格，对客户更加坦诚。

案例中，姜博和杨柳能够化解误会和矛盾就是靠着良好的沟通。可见，沟通就是合伙人之间情感和关系的润滑剂，能让合伙人消除误会、和谐相处。

与其互相拆台，不如互帮互助

> 单个的人是软弱无力的，就像漂流的鲁滨逊一样，只有同别人在一起，他才能完成许多事业。
>
> ——亚瑟·叔本华

合伙人作为一个群体，他们之间的关系并没有那么简单。有的合伙人恃才傲物、桀骜不驯，总是想尽一切办法让其他人围着自己转，总是想自己戴上耀眼的桂冠，然后接受其他合伙人的崇拜和赞誉。在这样的合伙人眼里，他们容不得其他合伙人比自己强势，也容不得其他合伙人说自己有瑕疵。

与这样的合伙人相处，可谓是让人大伤脑筋，也十分考验人的耐心。其实，之所以有的人会有这样的性格，一是他们习惯了自己的高高在上，二是他们为了维护自己的荣誉和自尊，往往会拆其他人的台。

合伙人之间互相拆台对公司来说，可谓是没有半点好处，对合伙人来说也是一种互相伤害。合伙人之间意见不合，为了彰显自己的才能，可能就会互相拆台；合伙人为了唯一的荣誉，也可能会互相拆台；合伙人为了自己多得利益，也可能会互相拆台……

合伙人互相拆台除了会互相损害对方的利益，还会损害公司的利益。合伙人作为公司的核心团队，他们之间互相拆台还会破坏公司的经营秩序，使公司内部的氛围变得紧张、混乱，使自私自利的负面因素充斥在公司里，让合伙人忘记了合伙的初衷和原则。在这种情况下，合伙人的

第七章
懂得相处之道，才能和气生财

互相拆台会减弱公司的整体竞争力，也会影响公司对外的声誉，对公司来说，这样的损失可不是一时半会就能弥补的。

在一个网络合伙公司，张超和李伟是技术部的两位合伙人。有一次，公司开发一个游戏项目。正当此时，李伟的家中出现了变故，李伟分身无术，工作起来总是心不在焉。

在这次的游戏开发项目中，李伟负责一个重要的分支，而他却在技术上出现了问题，这个问题表面上看不出来，但却会影响用户的后续使用。

张超作为李伟的同伴，在游戏测试的时候发现了这个问题。在向领导的汇报大会上，张超向领导说出了实情，并且明确告诉领导这是李伟的失误，应该由李伟承担全部责任。

原本李伟是这个项目的主要负责人，这个项目顺利完成后他会拿到很大一部分奖金，也可以顺利解决家里的问题。可是张超在领导面前拆了他的台，他的奖金泡汤了，甚至还要接受公司的处罚。李伟心里不服气，记恨起张超，于是他就把张超在上个项目拿客户回扣的事情揭发开来。这下好了，两个人你一拳他一刀，开始了长达两个月的"厮杀"。

期间，二人不仅无心公司业务，更是不顾其他合伙人的利益，利用公司资源开始了新的拆台大戏。公司见他们之间的矛盾无法调和，于是就把二人从技术部降职了。这下二人才从激烈的斗争中回过神来。

张超和李伟在公司内部互相拆台，不仅让二人丢失了技术部主管的职位，还损害了公司的利益，导致了技术部的内乱。由此可见，合伙人之间互相拆台是损人不利己的事情，只会让结果与自己的期望相去甚远。聪明的合伙人不会互相拆台，只会互相帮助。

合伙团队本就是一个取长补短、优势互补的团队。合伙人之间只有互相帮助才能实现合作共赢。

合伙人必须坚守合伙的初衷

无论合伙公司发展到什么程度，合伙人都不能忘了当初合伙的初衷——合伙共赢。坚守合伙的初衷，大家才能始终保持目标的高度一致性，才能在工作中团结互助，而不会为了个人利益互相拆台。在遇到困难和矛盾的时候，坚守初衷能够让合伙人首先顾及到合伙人的集体利益，因为他们明白，集体的利益受到损失，个人的利益也就失去了保障，而互相拆台对公司的发展没有半点好处。

合伙人要懂得互助的重要性

之所以要合伙经营公司，就是因为合伙人意识到单打独斗是毫无战斗力可言的，大家都懂得聚沙成塔的道理，因此想要把力量和智慧集中起来，从而产生更强大的发展动力和竞争力。因此，在合伙经营中，互相帮助才是推动公司努力向前发展的根本，如果大家不团结一心，而像一盘散沙一样，各干各的、各顾各的，散落的沙粒只能被市场竞争的强大飓风所吹散。

合伙人要有肚量

人难免会犯错，也难免会与他人发生矛盾。合伙人在力求与他人和平相处的同时，也要有宽容他人犯错的肚量，毕竟我们不能左右别人不犯错误。有肚量就是说对于他人的错误能够忍让，不激化矛盾，只要有助于大家合伙共同实现目标，就不去斤斤计较一时的得失。但有肚量也不代表一味地忍让，有时候一味忍让反而会助长对方的嚣张气焰，进而进一步促使他犯错。我们要通过合适的沟通方式把道理跟对方讲明白，让他认识到自己的错误，进而改正。对于肯改正错误的合作伙伴，你的大度更有助于他认识错误和改正错误，也更有利于你们之间的感情发展和合作的密切程度。

合伙人要顾全大局

不论遇到怎样糟糕的情况，合伙人一定要保持冷静的头脑和大局意

第七章
懂得相处之道，才能和气生财

识。始终以公司的利益为先才是对自身利益最好的保障。如果合伙人之间互相拆台，首先损害的就是公司的利益，损害公司的利益就是损害自身的利益。以大局为重，不仅能够减少合伙人之间的矛盾，更是对自身利益的有力保障。一个胸怀大局的合伙人又怎会为了蝇头小利而去计较。

因此，对合伙人来说，合作互助是最好的选择，而互相拆台只会破坏整体的凝聚力和战斗力。因此，互帮互助是合伙人发展之路上最稳妥的方式。

就算是他的错,也要无条件地荣辱与共

不管是什么职位,要把企业跟自己荣辱与共、休戚相关,对任何伤害企业利益的事都会反对,对任何能给企业增加价值的事都会很努力。

——360董事长 周鸿祎

在合伙公司中,一些合伙人犯错误的时候,就会遭到其他合伙人的嘲笑、抱怨和挤兑,说他没有能耐,是害群之马,甚至他的这次失误也会成为其他合伙人茶余饭后的"谈资"。一些合伙人也不愿意与犯错的合伙人一起承担责任,赶快采取补救措施,而是把自己的责任推干净,远离这其中的是是非非。

遇到这种情况,出现失误的合伙人心里肯定凉凉的,没有安慰,没有帮助,没有风雨同舟的同伴,他该如何独自面对?他的内心除了对自己感到失望之外,可能也会对这些袖手旁观的人感到失望。

人非圣贤孰能无过,即使是公司的掌舵者、创始人,也难免会有犯错的时候。即便是犯了错,只要能认识到自身的错误,能积极改正就是一个值得合伙的人。如果以偏激的态度对待犯错的合伙人,只会让他们破罐子破摔,甚至产生偏激的行为。

某小型地产公司买下了一块地皮,打算进行商业项目的开发设计。一天,地产公司的合伙人聚到一起,商讨整体的设计开发问题。众位合伙人一致推荐设计师陈某来承担本次的楼盘主设计。因为陈某有着诸多的设计

第七章 懂得相处之道，才能和气生财

经验，所以也没有拒绝诸位合伙人的推荐。

很快设计图稿就出来了，但是在交付有关部门审核备案的时候出了问题。由于陈某的主观意识，整个楼盘的地下空间设计并不合理，技术指标也未达到国家水准，因此设计方案被退了回来，并且严重影响了地产公司的声誉。

原本就是一家小公司，在业内的竞争力本就薄弱，这次事故对公司更是雪上加霜。陈某意识到了自己的问题，也主动请缨修改设计图稿再次送审。但是其他合伙人对陈某就是不依不饶，说他损害了公司的利益、伤害了大家的利益，表示要把他逐出公司、在地产设计行业封杀。

陈某自知理亏，真诚地请求其他合伙人的原谅，请大家从这次失利的痛苦中赶快走出来，一起想办法补救。但是其他合伙人根本不理会，也不去想补救的办法，仿佛他们只有把怒气撒出来，把责任都推到陈某身上公司就没事了，大家也就没事了。

面对诸位合伙人的态度，陈某心灰意冷，什么歃血为盟，什么同甘共苦，原来全都是说说而已，如今还不是大难临头各自飞。陈某想到平时诸位合伙人的种种帮助，又想想现在大家对自己的冷嘲热讽，真是心灰意冷。

于是，他画好完整无误的设计图稿，果断地递交了辞职信。

对于陈某的失误，我们并不感到意外，只是大家都不希望这样的意外发生。但是其他合伙人对陈某的态度却是他意想不到的，原本陈某觉得无论如何大家一起想办法把这件事情摆平才是正事，事后大家如何惩罚他，他都接受。可是偏偏事与愿违。无奈之下，陈某只好在尽力之后离开这个伤心地。

在合伙经营中，如果有合伙人出现了失误，犯了错，一味地责怪和抱怨只会加重问题的严重性，也会影响合伙人理智地做出决策，错过了解决问题的最佳时机。既然合伙人所犯的错误会殃及公司、殃及诸位合

伙人，那么抱怨不应该是合伙人首先出现的反应，因为你们既然合伙服务于一家公司，就上了一条船上，无论谁的错误导致这条船倾覆于大海，所有人都不能幸免落水。因此，不管是谁犯了错，合伙人都要荣辱与共，共同寻找解决问题的办法，共同减少公司的损失，这才是大家最应该做的。

2017年4月24日，聚美优品戴雨森退出了公司的合伙人席位，并且解除了在聚美优品的一切职务。戴雨森和陈欧8年的惺惺相惜终于画上了句号。

无论戴雨森离开聚美优品的原因是什么，回顾他与陈欧并肩作战的日子，也会成为一段"荣辱与共"的佳话，他们是曾经一起呕心沥血的合伙人。

戴雨森和陈欧是在斯坦福大学读书的时候认识的，戴雨森是陈欧的师弟，两人都有很强烈的创业意愿。2009年6月，陈欧MBA毕业回国创业，戴雨森退学加入了陈欧的团队。

戴雨森和陈欧都意识到了当时在中国进行互联网创业的巨大风险，但两人还是义无反顾地下海了。他们首先进入了游戏领域，但是中国的大环境和信用情况让他们遭受了很大的挫折，公司的效益急剧下滑，甚至濒临破产。

对于两个年轻人来说，面对这样的境况，既焦虑又无助。员工走的走散的散，而剩下的两个员工与戴雨森和陈欧一起，每月仅仅靠2000元的工资度日。然而，就是这样，陈欧也没有对戴雨森显现出一点怨气，反而在无数个深夜里给戴雨森打电话鼓劲儿。

进军游戏领域可以说是一次决策失误，而戴雨森和陈欧没有互相抱怨，也没有互相拆台，而是互相鼓励，寻找新的出路。因为他们明白，他们就是一个命运共同体，一损俱损，一荣俱荣，只有荣辱与共才能抓住新的机遇，焕发出新的生机。

第七章
懂得相处之道，才能和气生财

戴雨森与陈欧相守 8 年，就是靠着这股荣辱与共的信念和决心走过了无数的风口浪尖。

虽然戴雨森离开了聚美优品，但如果当今的合伙人都能像当年戴雨森和陈欧一样同心协力、荣辱与共，相信合伙人之间的内讧和纠纷就会逐步消失。合伙人荣辱与共会给公司发展创造无限的可能，带来无限的机遇，能让大家一起走得更远。

有福同享的前提是有难同当

故天将降大任于斯人也，必先苦其心志，劳其筋骨，饿其体肤，空乏其身，行拂乱其所为，所以动心忍性，曾益其所不能。

——孟子

任何人做任何一件事都是为了让自己、家人或者朋友的生活变得更好。我们来到一家公司，为的就是通过这个平台来实现自己的梦想、获得更高的荣誉和地位、赚取更多的财富等。既然来到了公司，作为公司的合伙人之一，就必须对公司的发展负责，因为公司请你来不是单纯享福的，更是希望通过你的能力和智慧帮助公司解决问题、提升效益。

因此，想要通过公司经营获得收益，首先就得付出自己的劳动和智慧，能够在公司遇到困境的时候帮助其度过难关，能够在公司遭遇险境的时候，齐心协力化险为夷。要想得到期望的回报，实现自己的梦想，就要与公司一起有难同当。

某生产企业一直是行业中的佼佼者，在它建立第30年的时候，公司更换了产品经理。大家对新来的经理充满期待，都表示要和新经理一起大干一场。

新经理一上任，不仅进一步修改了生产管理制度，而且也对公司生产部门的绩效评价体系进行了改革。就在改革火热进行的时候，公司接了一个前所未有的大订单。可以说这是新经理上任来的第一次大考验，

第七章
懂得相处之道，才能和气生财

他是既兴奋又忐忑，怕把事情搞砸了。

可是天公不作美，怕什么就来什么。新经理指挥生产的订单产品与客户的要求产生了一定的偏差，客户不仅退了货，还使得公司要赔偿客户一大笔违约金。新经理很是苦恼，想想自己在这个公司接的第一订单就这样失败了，他是既不甘心又无奈。

好在，公司上下的合伙人及员工并没有抱怨新经理的失误，也没有四散逃跑，而是积极地想对策。首先销售部门负责快速销售这批客户退货的产品，其次新经理带领产品部门调整产品生产方案，使之更适应市场的需求。此外，为了弥补公司的损失，公司全员都开始节约成本、提高效率。

经过半年的努力，公司终于将这批产品销售一空，而且经过这么一遭，产品部门的生产技术和生产流程都得到了提升，同时公司上下形成了勤俭节约的好习惯，公司很快就从中获取了不菲的利润。到年终的时候，新经理和生产部门的员工非但没有受到处罚，反而获得了公司的奖励。

这个公司的合伙人和员工是能够与公司有难同当的。当因为新经理的失误而使公司出现危机的时候，他们没有致公司于不顾，也没有被困难吓到，而是选择了与公司并肩作战，让公司化危机为转机。

历经磨难才会换来成功

俗话说，不经历风雨怎能见彩虹。在商场上同样如此，创业和企业经营的路上纵然不会一帆风顺，总会遇到千难万险，只有克服重重困难与阻碍才能更加靠近成功、取得成功。如果合伙人在合伙经营的时候不愿与众人一起，集中力量，克服困难，那么公司就不能扫清发展路上的绊脚石，自然也就无法突破重重阻碍走到成功的彼岸。而公司的命运又是与合伙人个人的命运息息相关的，公司发展得好则合伙人就会有好的前程与回报，公司的发展一波三折，则合伙人的命运也不会好到哪里去。

能同当苦难才配共同享福

并不是每个人都是勇往直前的勇士,也并不是人人都喜欢和挫折斗智斗勇。即使作为公司的合伙人,在公司处于困境中时,也会有人任凭风吹浪打、胜似闲庭信步。他们总是将自身置身事外,对于公司面临的困境无动于衷,而看着其他合伙人去奋斗、挣扎。这样的合伙人不能与公司有难同当,自然也就不配享受公司所给的利益。这也是合伙规则中的一种公平:多劳多得。

因此,作为公司的合伙人,并不是你完成了公司的原始投资就可以坐享其成。在公司经营的这一路上,你都要充分发挥自己的聪明才智,帮助公司共度难关,只有这样合伙人之间才能真正做到有福同享、有难同当。

蛋糕越做越大，巧妙分配

权责利的分配，是所有管理者面对的第一难题，分好了，人心齐泰山移；分不好，团队立马分崩离析，企业陷入发展泥潭。

——资深企业观察家、管理咨询导师　武帅

我们经常把公司创造价值的过程比喻为做蛋糕的过程。随着公司的不断壮大，公司创造的价值和获得的利润也会越来越多，可以说蛋糕也会越做越大。面对眼前又大又香甜的蛋糕，合伙人该如何分吃呢？

想要吃到蛋糕，并且让大家高高兴兴地吃到蛋糕，是需要一定的技巧的。掌握不好其中的技巧，就会引起合伙人之间的异议和矛盾。

首先，适时切分蛋糕

经过一个时期的忙碌，蛋糕做好了，就要选择一个适当的时机来分吃。那么什么时间最合适呢？通常情况下，合伙公司会选在年底放假前夕分蛋糕。既然辛苦了一年，美美的假期就要来了，那就美上加美、好上加好，分一块又大又甜的蛋糕，又喜庆又是好兆头，这样合伙人回家过年、走亲访友也有面子。当然，公司可以根据实际情况选择分蛋糕的时机，比如一年中淡季的时候。

其次，切蛋糕要有技巧

可以说切蛋糕是整个过程的关键。蛋糕切得大小一致，蛋糕上的奶油、巧克力一样多，看似是做到了公平，实则吃蛋糕的人会有意见。因为在做蛋糕的过程中有人付出得多，有人付出得少，凭什么让付出得少的人和付出得多的人吃得一样多。因此,蛋糕切块的大小要根据做蛋糕的人付出劳动的多少来定,这样才是真正的公平合理。

再次,分吃的秩序很重要

蛋糕切好了,大小都有,而且是按照付出劳动的多少对号入座。可是刚一切好,大家上来哄抢,还是会乱了吃蛋糕的秩序,也可能让吃蛋糕的人受到伤害。因此,分吃蛋糕也要讲究秩序。谁先拿,谁后拿,时间差不了多少,反正该是你的终究还是你的,先拿后拿又会怎样,不如谦恭礼让,更显出自己的人品和素质。

最后,记得留下一块

蛋糕做大了人人高兴,但是面对这硕大的成果,不要忘了留下一块为以后解饿。合伙公司虽然是一个合伙团队,但是人来人往都是避免不了的,而且公司的发展也需要不断注入新鲜血液。把美味的蛋糕留下一块留给后来人尝尝,更有助于吸引优秀的合伙人加入,而且也会让新来的合伙人流连忘返,从而愿意贡献自己的智慧和力量与大家一起做蛋糕。

D公司是三姐妹成立的家族企业,主要经营服装的加工与销售,同时承接外部的订单业务。创办这家企业,大姐出资30万元,二姐出资20万元,小妹也出资20万元。大姐负责企业的对外业务,按照出资持有企业42.85%的股份;二姐负责公司的日常管理,按照出资持有企业28.57%的股份;小妹负责企业产品的销售,按照出资持有企业28.57%的股份。三姐妹就这样风风火火地开始经营了。

三姐妹的生意不错,很快就开始盈利。年底的时候已经有20万多元的纯利润。三姐妹都非常开心,可是怎么分呢?在这大半年的经营中,三姐妹都没少出力,虽然分工不同,但都为公司做出了突出的贡献。另外,考虑到大姐中途将闲置的房子做了员工宿舍,于是三姐妹决定,大姐分40%的利润,二姐和小妹各分20%,剩下的20%作为员工激励和生意扩张。

经营第一年,三姐妹的订单少、产品结构单一,所以三姐妹还忙得过来。但是随着企业的发展以及客户对服装款式的要求，三姐妹明显感觉企业缺少一位设计人员，于是她们开始招募设计合伙人。优秀的人才不稀缺，三姐妹很快就锁定了当地有名的设计人员张某，而张某提出的条件是必须拿出上年度盈利的 10% 作为他的入伙"定金"。

三姐妹看上了这个人才，也庆幸去年分红的时候预留了一部分作为活动资金，于是，她们很顺利地就将张某招募进公司作为合伙人。

三姐妹在分蛋糕这件事上可谓是通情达理，而且尽显智慧。但在现实中，并不是每个合伙公司在分蛋糕的问题上都能做到如此和谐、愉快，反而会有诸多合伙人因利益分配而反目成仇的新闻见诸报端。要想避免这种情况，就要在公司创立之初就制定好分蛋糕的规则，而合伙人只要认可规则、遵守分蛋糕的规则和技巧即可。

第八章
合伙必懂的股权玩法

在合伙公司中，股权的问题永远都是无法回避的问题。只有把公司股权架构设计、股权控制、股权激励、众筹、回购、置换等一系列问题玩转了，合伙公司才会顺风顺水。股权是合伙公司的核心，必须谨慎处理、合理对待，做好股权的设置和分配，就能留住合伙人的心，从而保持公司的强大竞争力。

架构设计，好结构决定好未来

对于新时代的创业公司而言，"平台＋合伙人"模式已经取代传统的"公司＋雇员"模式，成为新的劳资合作新模式，而公司的股权架构则是"平台＋合伙人"模式的重要体现。合理的股权设计有利于激励创业团队及公司员工的创业激情，有利于平衡投资人与创业团队之间的利益，也有利于保障公司的控制权和持续稳定发展。

——华夏基石管理咨询集团董事长　彭剑锋

股权结构就是在合伙公司中不同性质的股权所占的比例，以及各种性质的股权之间的相互关系。股权结构是公司经营管理的基础，因此股权结构的不同决定了公司组织结构的差异，最终决定了公司的经营策略和效益。因此，做好公司的股权结构设计对于公司的长远发展来说是关键之一。

股权结构作为合伙公司管理的基础，并不是一成不变的。但是无论股权结构如何变化，它都必须为公司的长远发展服务，是为了实现合伙人、公司和资源的共赢。

合理的股权结构设计明确了合伙人的权、责、利，更加方便公司的融资，同时更有助于公司的稳步发展，而且股权结构还是公司进入资本市场的先决条件。可见，股权结构设计对于合伙公司的发展必不可少。

然而，股权结构设计并不是一件容易的事情，涉及团队、技术、资本、渠道等方方面面。股权结构设计必须充分考虑各方面的利害得失，既要互相平衡、互相牵制，又要互相促进、互相补充，从而实现大好的共赢局面。从总体上来说，科学的股权架构设计必须考虑到四个层面。

股东

股权激励的方案审批、股份来源、股权转让和股权融资，都会触及股东的利益。股东作为公司经营的顶层和高层，这个层面的股权问题必须予以考虑。

法律

随着我国法律体系和监管制度的完善，合伙公司的成立和经营也必须受到法律的约束。因此，公司的股权结构必须符合有关法律的规定，如《公司法》《合伙企业法》《个人所得税法》等。只有保证股权结构设计合乎法律的约束，才会受到法律的保护。

财税

合伙公司都会面临财税问题。财税问题主要涉及合伙人估值和个税核算问题。财税问题关系到公司经营的合法性和透明度，完善公司的财税制度，确保合伙人接受和认可才可以。

人力资源

人力资源部门就是主管公司人力资源方面的事情，这是一个为公司重点把关的部门，涉及股权激励方案的起草、合伙人的选拔、合伙人的考核和退出等问题。因此，人力资源也是股权结构设计必须考虑到的一个层面。

另外，融资是公司发展的一个分水岭，融资前和融资后的股权结构设计会有所不同。融资前的阶段就是指天使轮融资完成之前的阶段，或者叫公司的初创期。这个时期，公司的合伙人只有初创合伙人，但合伙人的人数不等。

通常情况下，3个股东合伙人的股权结构是最理想的，这样的股权结构也被称为315模型。3就是3个股东合伙人，1就是一个大股东，5

合伙人制度：颠覆传统企业模式的公司治理实战全案

就是最大股东的股权超过50%。这种股权结构最有助于初创企业的稳定发展。

股东人数越多，股权结构设计越复杂，公司则需要根据具体的发展需求和实际情况来进行股权结构的设计。

李某、王某和张某三人合伙创业，股权比例为6:3:1。合伙经营满一年的时候，张某觉得这个项目并不好玩，于是他决定退出。这个时候张某手上有10%的股权，如果他带走这10%的股权，显然对李某和王某来说是不公平的，因为这等于是张某坐享其成。

幸好合伙之初在股权结构设计这一环节有所规定：股权按4年授予来计算，也就是说合作满4年，合伙人才能拿到属于自己的全部的股权。张某只在公司工作了一年，因此他只能拿走属于他的10%的四分之一的股权，剩下的公司可以重新考虑分配。

对于张某留下的这部分股权，公司可以强制分配给所有合伙人，也可以按公平的方式分给李某和王某，甚至找一个新的替代者把这部分股权分给他。同时公司可以按照项目进度对这部分股权进行分配，也可以按照融资进度对这部分股权进行分配，还可以按照项目的实际营收和利润进行合理分配。

案例中的合伙公司对张某留下的股权进行分配时，无论以何种方式进行股权分配，都要以公司的稳定发展和维护合伙人的利益为原则。

合理的股权设计就是给公司的发展搭好了架子、铺好了路，有助于提高合伙人的积极性，更有助于公司的稳定持续发展。因此，合伙公司在设计股权结构时要根据自身的实际情况进行，切勿盲目照搬其他公司的成功经验，毕竟适合自己的才是最好的。

控制权设计，保证创始团队的核心地位

控制性股东从 IPO 的那天起，就会面临融资与控制之间的平衡点选择。为了保持控制，他会努力减少公开发行的股份数量，因为数量一旦超过一定界限，必然面临失控的问题。

——清华大学经济管理学院教授　宁向东

股权是合伙公司进行公司管控的有力武器。无论公司的股权结构如何变化，都首先要保证创始团队对公司的控制权。因为创始团队能更好地理解公司创立的初衷，也能更好地带领公司上下创造价值。创始团队拥有在公司的核心地位，拥有对公司的控制权，才能更好地保证公司的发展方向不跑偏。

纵观合伙人制在中国的发展历程，成功的案例比比皆是，而它们的成功之路更是让人称奇。

华为在大家心目中总是带有一股传奇色彩，特别是华为的老总任正非用 1.01% 的股权却能牢牢将公司控制在自己手里。其中的奥秘也并没有我们想象的复杂。华为全员持股，员工的股权由工会委员会统一管理。另外，任正非的手上还有一张王牌——一票否决权。

马云也是一位深谙公司控制之道的成功人士。阿里巴巴有着独特的合伙人制度，这一制度曾打乱了阿里巴巴在香港证交所的上市计划。阿里合伙人对公司的掌控主要体现在董事提名权和董事任命权两方面。无论何时何因，董事会成员由阿里合伙人提名或任命的合伙人不足半数时，阿里合伙人有权任命额外的董事来确保"半数规则"。阿里合伙人通过

这样的方式控制了董事会人选，也控制了公司的经营运作。

再来看看京东的情况，京东的董事会也是牢牢控制在刘强东手里。2014年3月，腾讯向京东注入了一定的资金获取了15%的股份，并委派刘炽平为京东的董事。同年5月，京东正式在美国纳斯达克证交所挂牌上市，而在上市之前，京东的董事会成员有9人，老虎基金、Best Alliance、Strong Desire以及DCM都有权任命一名董事，但刘强东及京东管理团队则有权任命5名董事，并且有权任命董事会主席。刘强东就是这样牢牢抓住了京东的控制权。

纵览股权控制做得好的公司，创始合伙人无非是通过以下几种方式实现了对公司的控制权。

间接控制

间接控制是创始合伙人惯用的手法，这种方法是指在主题公司之外，新成立一家或多家持股平台，把所激励的对象放在持股平台里，由持股平台持有主题公司股份的股权控制方式。间接控制方式也有一定的弊端，那就是需要双重交税。

投票权委托

投票权委托是指公司的部分股东通过协议约定，将其投票权委托给其他特定股东来行使。在京东和阿里巴巴都存在投票权委托，这也是两个公司实现股权控制的方式之一。

一致行动协议

一致行动是对合伙人来说的。一致行动是指根据协议约定，某些股东要对特定的事项采取一致行动。当合伙人对某些事项的意见不一致时，某些股东要与一致行动人的行动保持一致。一致行动协议的内容则是一致行动人在其作为股东期间，在行使提案权、表决权时做出相同意思的表示，以其中某方意见作为一致行动的意见，从而保证对公司的控制权。

第八章 合伙必懂的股权玩法

AB 股架构

AB 股架构打破了同股同权的平衡，可以用最少的钱办最大的事。AB 股架构分为 A 序列和 B 序列，两个系列的普通股可以设定不同的投票权。AB 股架构虽然可以节约成本，但是也存在极大的风险。在公司决策正确的前提下，公司可以平稳发展，但若是创始人决策失误，其他股东甚至是公司的大股东都会成为"陪葬品"。

控制董事会

公司的日常经营事务主要由董事会决定。控制了董事会就拥有了对公司的控制权。核心创始人可以占有董事会的大部分席位，以这种优势保证决策效果按照创始团队的意志发展。

对于合伙公司来说，掌握控制权的人才是真正的主人。为了避免"养的孩子管别人叫爹"的情况发生，创始团队在进行股权结构设计的时候，一定要设计好控制权，才能避免给他人做嫁衣。

股权激励打造企业利益共同体

　　股权激励的作用对于刚刚起步的创业型公司作用巨大,通过股权激励解决企业创业之初的人心不齐、资金短缺等重要问题,是中小企业的首选。

——科睿环保集团董事长　孔丽娜

　　股权激励的强大作用已经不是什么秘密。员工通过股权激励,可以持有公司的一定股权,并从中获得经济利益,甚至能以股东的身份参与公司的经营决策,并承担一定的风险。因为股权激励可以让员工与公司风雨同舟,所以员工会为了公司的发展全情投入,以期获得最大的利益。

　　股权激励的方式有股票期权、限制性股票、业绩股票、股票增值权和虚拟股权等形式。股票期权是公司使用最多的股权激励方式,而且员工持有的是公司普通股。限制性股票顾名思义是有一定的限制性的,这个限制性主要体现在员工获取和出售股票的条件。业绩股票则是以公司与员工约定的业绩指标为标准,完成指标才可以获得相应的股票,而且股票的流通也有时间和数量的限制。增值股票则是让符合条件的员工获得规定数量股票的股价上涨收益,显然员工并不拥有股票的所有权。虚拟股权则是员工享有一定数量的分红权和股价升值权益,并不拥有股票的所有权和表决权。

　　然而,公司的股权激励是要讲究时机的。通常情况下,公司的股权激励时机分为初创期、天使轮融资、A轮融资、B轮融资、新三板上市期、

Pro-IPO 轮融资、IPO 轮融资等几个阶段。而且在每个阶段，不同企业实施股权激励的具体方案也会有所不同，公司需要根据具体情况来定。但无论怎样，公司实施股权激励都少不了以下步骤：

确定股权的来源

在公司的总股本不变的情况下，用于股权激励的股权可能来源于原有股东的股票转让。在公司总股本增加的情况下，用于股权激励的股权可能是公司直接向激励对象发行股票。另外，用于股权激励的股权也可能来源于股权回购。

确定股权激励的对象

公司实施股权激励计划，并不是从上到下所有的员工都能获得股权，而是有一定的条件的。比如业绩特别突出的、公司的中层和高层领导、公司的业务及技术骨干，或者对公司做出突出贡献的人。

确定股票价格

对于上市公司来说，通常以股票价格作为核算依据。对于非上市公司来说，则可以用净资产计算法、市盈率计算法和注册资金法等来计算股票价格。

确定用于股权激励的股票的数量

公司实施股权激励的股票数量也有一定的规则，不宜太多也不宜过少。这需要根据公司的规模、业绩的指标、预期风险以及创始人对公司的控制权来综合衡量。另外，也可以实施动态的股权激励，让股权激励的强大作用持续进行下去。

江苏帕卓管路系统股份有限公司于 2016 年披露了股权激励计划。这一计划一方面是为了应对核心技术团队人员的流失，另一方面也是为了吸引人才的加入。

帕卓管路是一家高新技术型企业。对于这样的企业，技术团队是其核心所在，也是构成帕卓管路核心竞争力的关键。人才的流失对帕卓管路来说是沉重的打击,面临着人才浪费和技术泄密的双重风险。

为了尽量规避这一问题,帕卓管路于 2016 年 2 月由临时股东大会讨论并审议通过了针对一名核心高管以及针对公司管理层和老员工的两套股权激励方案。

帕卓管路此次股权激励向在公司或子公司连续工作年限 1 年以上的员工授予限制性股票,向在公司或子公司担任中层管理及以上职位的管理层人员授予股票期权。此外,公司还单独对一名公司副总经理,通过转让有限合伙持股平台份额的方式,以同样价格额外授予 30 万股限制性股票,占公司总股本约 1.36%。

上述案例中,帕卓管路的股权激励方案有着严密的规则和逻辑,也设立了一定的业绩考核指标。帕卓管路在分配股票授予额度时从公司实际需要出发,紧密围绕"稳定公司专业人才与核心团队"的目标制定了股权激励规则,不仅引导员工长期稳定地为公司服务,还促进了团队人员的稳定,而且能够引导员工关注对公司的价值创造,使股权激励最大程度地为公司发展提供助力。

因此,公司要想让股权激励真正发挥效力,就要深谙股权激励的规则,确保股权激励方案是最符合实情的,最能发挥激励作用的。

股权众筹让融资走出困境

在大众创业、万众创新的背景下，众筹让所有梦想离现实更近，让社会资源配置更加均衡。

——人人融 CEO　袁红亚

随着互联网和经济的发展，股权众筹已经一跃进入人们的视线。无论是众筹平台还是靠众筹融资的公司都一下子冒了出来，于是股权众筹瞬间变成了一个热词。

对创业者来说，靠股权众筹来融资具有诸多优势。一是借助互联网上的众筹平台，信息传播范围更广；二是有效节约了众筹的时间和成本；三是为投资和融资双方都增加了便利。而且股权众筹的好处有很多，是一种快速融资的有效途径。

我国股权众筹自2011年开始，已经有六七年的发展。虽然股权众筹一路走来，无论是模式还是步骤都在不断地发展完善，但我国的股权众筹仍然存在一定的问题。比如，投资者地位均等，难以形成统一的决策制度；盈利模式单一，无可持续资金来源；众筹者贡献不同，盈利分配有失公允等。这些问题都是公司在实施股权众筹时会不同程度遇到的问题，因此需要公司根据自身的情况来合理规避。

自从股权众筹在我国问世以来，靠股权众筹来融资的公司已经不在少数。我们一起来看一看。

华人天地开创了新三板与股权众筹相结合的先河,在股权众筹领域非常具有代表性。

华人天地最为人乐道的"国舅爷"张纪中成了华人天地众筹成功的加码之一,跟他一起负责影片制作、艺人管理、后期剪辑的几个主管均有十五年以上的相关行业经验,而且华人天地项目本身就很优质,有着实力雄厚的制作团队。在如此优越的条件下,华人天地在众筹时创造性地推出了回购条款、无风险定增,引发了投资界一片"热潮"。

2012年5月,脱离爱奇艺的朱江在淘宝上注册了一家店铺,名为"美微会员卡在线直营店"。他拍卖的是会员卡,购买者除了能够享有"订阅电子杂志"的权益,还可以拥有美微传媒的原始股份100股。美微传媒上线仅仅4天的时间,就筹集了80万的资金,这件事在当时轰动一时,算得上是国内公开募集股权的首例。

2015年5月29日,wifi万能钥匙在筹道股权众筹平台上线,项目上线不到一小时,浏览量即突破十万。短短十余日,wifi万能钥匙便众筹成功,共有5712人认购,认购金额达到70亿元人民币。这算是参与人数最多的股权众筹了。

3W咖啡开创了会籍式众筹的先河。3W咖啡的众筹模式很简单,以每个人10股,每股6000元,相当于一个人6万的价格向社会公众进行资金募集,但是不是所有人都能成为3W的股东,而是需要一定的背景和实力。 3W咖啡众筹模式的高门槛并没有给众筹制造障碍,反而吸引了众多的知名投资人和创业者,包括徐小平、曾李青、沈南鹏在内均是他们的股东,算得上阵容最豪华的股权众筹了。

创东方主投基金的出现拉开了"股权众筹2.0时代"的帷幕,共5000万的额度,上线不到一个月即被认领完毕。创东方主投基金在业内具有较高的知名度,在平台发起总额不超过2.5亿元的项目投资,相当于放大了5倍量的投资杠杆,可谓是投资方最高兴的众筹项目。

第八章
合伙必懂的股权玩法

无论是采用哪种股权众筹方式，保证认购人的利益都是首要任务。这一方面主要是众筹发起人通过制定一定具体有效的资金偿还计划，以便保障到期向认购人兑付本金及利息。这也是投资者非常看中的一点。

我们可以看到，股权众筹的确给了投资和融资双方不少的便利，然而却让人心存疑惑，质疑股权众筹的合法性。我们在对待股权众筹的问题时，无论作为投资方还是融资方，都要选择正规的平台，要对条款进行仔细审查，不要让投机取巧的人有机可乘。只有这样，才能让股权众筹健康、高速地发展下去。

股权回购，让企业和投资者都做赢家

公司不得收购本公司股份，有下列情形之一的除外：（一）减少公司注册资本；（二）与持有本公司股份的其他公司合并；（三）将股份奖励给本公司职工；（四）股东因对股东大会作出的公司合并、分立决议持异议，要求公司收购其股份的。公司因前款第（一）项至第（三）项的原因收购本公司股份的，应当经股东大会决议。

——《中华人民共和国公司法》第143条

股份回购是指公司按一定的程序回购发行或流通在外的本公司股份的行为。股权回购可以在一定程度上调节公司的股权结构和股价。对于企业和投资者来说，合理的股权回购是一件双赢的事情，双方都会成为这种股权活动的赢家。

赢在公司

随着公司的发展，难免会出现股权结构不合理的情况。通过股权回购，可以让公司实现股权结构的调整和优化，使股权结构更适合公司的长远发展。再者，股权回购还可以优化资本结构，适当提高资产负债率，能更有效地发挥财务杠杆效应，更有利于实现股东财富最大化。还有，股权回购有利于公司股利政策的连续性和稳定性，不会对公司产生未来的派现压力。最后，合理的股权回购能增加公司的价值。

赢在股东

有时候，公司派发现金股利，对股东来说，这种形式可能并不受欢

第八章 合伙必懂的股权玩法

迎。这时，公司回购股权会使不需要现金股利的股东继续持有股票，并想法避税。股权回购使股东收回一部分投资，增加股权的流动性，提高其变现能力。另外，在公司大量闲置资金的支持下，通过股份回购也可以减少被收购的可能性，增加公司每股盈利，提高股票市值，有利于维护社会公众股股东的合法权益。

2017年10月28日，北京盛世光明软件股份有限公司董事长孙伟力主持召开了关于"事业合伙人计划"的分享会，这预示着盛世光明事业合伙人的强势起航。

通过盛世光明的合伙人计划，我们可以看出，该计划对于股权的回购做了明确的规定。其中，盛世光明明确了股权回购的条件：

★成立满三年；

★利润成递增趋势；

★总体完成年度任务；

★业绩对赌，合同条款合法合规。

该计划同时明确了股权回购的价格依据：盛世光明的股权回购价格以子公司前三年税后净利润平均值为基础，三年后回购股份时，新三板按照7.5倍市盈率，创业板按照15倍市盈率，股权回购后对赌三年业绩。

盛世光明的股权回购方式是股权加现金的方式。在盛世光明，股权回购是合伙人收入最主要的组成部分，而且子公司收入越高，股权回购时收益越大。

盛世光明的股权回购方案充分维护了小股东的合法权益，也充分体现了股权回购的调控功能。实际操作中，我们也要借鉴一些企业的成功经验，避免股权回购和股权置换的法律风险。

对于股权回购来说，确定回购的价格是最难的。一般会有两种方式：一种是内部协商，另一种是按照《公司法》的规定进行估价。首先应该内部协商定价。在协商定价时,公司以确定公平价格的方式更有利于保护中小股东的利益,避免大股东与小股东对股权价格争执而引起的矛盾;在采用司法定价的模式时应采取公司主导模式为主,促使公司确定较为合理的估价。

  总起来说,股权回购利用好了,能给公司带来股权调整,有利于公司的发展。而把握好股权回购的关键之处——回购价格,就可以让股权回购成为一件皆大欢喜的事情。

股权置换，交叉持股加深利益联系

股权置换交易中最核心的内容是双方进行置换的股权。为此，交易双方需要对置换的股权进行细致地调查，并设置严格的要求。

——任古龙

为了引入战略投资者或合作伙伴，该公司可以和其他公司进行股权置换。股权置换不涉及控股权的变更，只是实现公司控股股东与战略伙伴之间的交叉持股，以建立利益关联。交叉持股通常是AB公司之间互相持有绝对控股权或相对控股权，使AB公司可以相互控制运作，其产生的原因是A公司增资扩股时，B公司可以收购A公司新增股份。

股权之间的置换

第一种是股权之间的置换。股权之间的置换是指A公司与B公司之间发生的股权置换，不涉及资产、现金的支付，从而有效地降低了财务上的风险。

A公司增发新股，B公司的股东就可以用自己在B公司的股权来投资A公司，从而获取A公司增发的新股，这样一来，A公司就可以取得B公司相对的股权。

股权之间的置换一般都发生在能够优势互补的公司之间。

股权加资产式置换

第二种是股权加资产式置换。股权加资产式置换是指 A 公司与 B 公司之间发生的股权置换，但同时以资产作为股权支付的部分对价。

A 公司增发了新股，B 公司的股东用 B 公司的股权对 A 公司投资，获取 A 公司增发的新股，而 A 公司获取 B 公司相对的股权，同时 B 公司要用自己优质的资产对 A 公司投资，获取 A 公司增发的新股，A 公司获取 B 公司相对的优质资产。

这种股权置换方式不需要支付现金便可获得优质资产，并扩大企业规模。通常情况下，有优质资产的公司会使用这样的方式，而这部分优质资产可以迅速提高另一方的生产能力和规模，并且还能降低财务风险。

股权加现金式置换

还有一种股权置换方式，那就是股权加现金式置换。股权加现金式置换就是除了相互置换股权以外还要支付一定数额的现金才能完成置换。

A 公司增发新股，B 公司的股东用 B 公司的股权对 A 公司投资，获取 A 公司增发的新股，而 A 公司取得 B 公司相对的股权，但同时 B 公司要用现金向 A 公司投资，取得 A 公司增发的部分新股，成为 A 公司的股东。

这种方式比较灵活，通常发生在并购转让价格非常高的情况下，在置换后通常取得控股地位。

2016 年，为吸引合作伙伴和战略投资者，新希望公司增发新股。

畅联互动公司看好新希望公司的前景，期望与其达成战略合作关系，于是想用股权置换的方式实现目标。但畅联互动公司目前的现金流并不

第八章
合伙必懂的股权玩法

宽裕，不能靠现金收购新希望公司的股份，这让畅联互动公司的负责人李总有些着急。

公司一位股东告诉李总可以通过一些具有实力的平台牵线提交融资需求。经过平台的指点，畅联互动公司李总决定采取股权＋资产的方式来收购新希望公司的股票。

2015年10月26日，携程网宣布与百度达成股权置换交易。股权置换之前，百度拥有去哪网的股票情况如是：178 702 519股A类股普通股，11 450 000股B类股普通股，以及11 488 381股携程增发的普通股。交易之后，百度拥有携程普通股可代表约25%的携程总投票权，携程将拥有约45%的去哪网总投票权。携程与去哪网的合并正式开始了。

股权置换的案例在现实中并不少见，是常有发生的事情。我们需要做的就是根绝自身的实际情况选择合适的股权置换方式，实现资产的有效配置。

第九章
合伙创业可能会遇到的奇葩问题速解

合伙经营虽然好处万千,但也不会一帆风顺。合伙人之间难免会出现矛盾和摩擦,经营上也会出现资源问题、合作问题等。兵来将挡、水来土掩。在合伙过程中,出现问题不可怕,关键是要知道解决问题的方式方法。本章内容我们就来说说合伙创业可能出现的奇葩问题,并为你支招。

合伙人只出力不出钱，怎么管理？

如果遇到那些不想出资、不愿意承担风险的技术合伙人，必须要规定其贡献与股权成正比，承担的风险与股权成正比。

——资深企业观察家、管理咨询导师　武帅

对于合伙经营来说，出钱入伙似乎是一种"潜规则"。出了钱，入伙的人才会死心塌地，因为他想让自己的钱生出更多的钱来；公司也会更踏实，入伙的人出了钱，他就不会在进入合伙团队之后继续观望，或者准备随时撤退。在某种程度上，出钱就像是合伙人与公司的一种契约、一种信物，把二者的利益牢牢绑在了一起。

然而，并不是所有想入伙的合伙人都会出钱，而且我们前面也讲过有的合伙人以技术或者实物出资。面对不出钱的合伙人，我们应该怎么做呢？

首先，深入沟通出钱的问题，尽量说服对方出一点钱

遇到不想出钱的合伙人，首先要向他讲透一个道理：未来的红利、公司的股份和公司的发展。让他看到公司的发展前景，并且明白他投入的钱不会打水漂的，而是帮助公司发展，进而为自己赚取回报的。如果不出钱，他的预期收益会受到一定的影响。这样循序渐进地说服他可以少投入一点钱。

其次，实在不愿意出钱就要用合同约束双方

如果合伙人实在不愿意出钱，但你又看上了这个人才，那么就要用

第九章
合伙创业可能会遇到的奇葩问题速解

具有法律效力的合同来约束对方的权、责、利，特别是约定根据合伙人对公司贡献的大小，合伙人才能享受一定的利益，并承担对等的风险。

再次，注意规避技术风险

技术合伙人不出钱，但他也未必会一心为了公司，一是工作态度可能会含糊，二是可能会泄密，拿着公司的技术在别的地方赚钱，如此一来，公司就得不偿失了。应对这个问题的关键还是靠条款清晰的合同来约束对方，约定出现这些问题的惩罚措施，以约束对方的行为。

最后，警惕合伙人不出钱的理由

合伙人不出钱的理由有很多种，可能是真的没钱，可能是既想得到收益又不愿意承担风险，也可能是缺乏诚意。对于真的没钱的人，如果真的有才也有诚意，那么就可以吸纳为合伙人。对于只想获得利益不想承担风险的人，需要注意，他未必会与其他合伙人同甘共苦，很可能是一个见利忘义、见到风险就逃的人。对于没有诚意的人，你可以直接将他拒之门外，因为没有诚信就没有决心为公司的发展肝脑涂地。

再教你一个妙招，好多合伙人提出没钱出资，你可以说公司可以借钱给他，合伙人对于借钱的反应就可以检验出他到底是真心还是假意了，然后再做出一定的对策。

徐然大学毕业后在某个公司干了五年，他决定脱离这种没有自由的生活来自主创业。他看到了一个远房亲戚在自家小区附近开了一个便利店，生意特别红火，于是也想自己运作一个类似的店面。

徐然选好了位置，却发现自己完全没有渠道，不知道货从哪里进，也不知道进出货的市场价格，更不知道如何打理一切事物。于是他提出了与这位远房亲戚合伙干。

真到了生意上，亲兄弟也要明算账讲条件。徐然的这位亲戚答应合伙，但资金必须徐然出，而且他熟悉便利店的运营，因此经营方面他来负责，并且徐然不能插手经营管理。

合伙人制度：颠覆传统企业模式的公司治理实战全案

面对这样的条件，徐然犹豫了。他觉得这不是自己出钱给这位亲戚开了个店吗？还有什么意思。于是徐然试图说服亲戚钱两个人出、店两个人管。徐然说，他只在亲戚的带领下来学习经营管理，遇到矛盾两个人会商量着来，徐然会充分信任自己的亲戚。

好在这个亲戚给了徐然面子，同意了徐然的意见，于是两人签订合伙协议之后就干了起来。两人这一合伙可真不得了了，不仅把本店经营得风生水起，而且还在其他小区开了连锁店，至今没有散伙。

案例中，徐然说服自己的亲戚共同出资、共同经营，才让他们的生意越做越大。这要归功于徐然在面对亲戚的不出资时，沉着应对，采取了合理的解决方式。

现实中，合伙人入伙最好出一部分钱，这部分钱就像双方的"定心丸"一样，可以让合伙更踏实、更持久。

合伙人只出钱不出力，怎么办？

面对只出资不参与经营管理的合伙人，一定要在合伙之前明确双方到底是合伙关系还是借贷关系，然后才可以谈股份的问题。

——资深企业观察家、管理咨询导师　武帅

创业公司要想创造价值，就需要创业团队共同投入资金、投入精力，众人一起添砖加瓦才能让公司飞速发展。这个道理我们都懂，然而有的合伙人就是只出钱而不愿意出力，不愿意参与公司的经营。

面对只出钱不出力的合伙人，我们也要制定合理的管理策略，以达到合伙人之间权、责、利的平衡。

弄明白：是借贷还是合伙

不参与经营管理的合伙人是真正的合伙人吗？对于这个问题，很多人心中都有疑问。并不是说合伙人只出资是不可以的，入股合伙人只出资而不参与经营，在享受分红的同时也会与其他合伙人一起共同承担经营的风险，那么这就是合伙。若是入股合伙人只是出资而不参与经营，只享受分红而不承担风险，这就不构成合伙关系，更像是借贷关系。对于后者，会给公司埋下一定的隐患，而在法院审理的时候也多会判定这种关系是借贷关系而不是合伙关系。

分红和工资分开

将分红和工资分开。不参与经营的合伙人就只能享有分红、并承担风险；而参与经营的合伙人除了分红之外，还能像普通员工一样按时领到工资。这样对于合伙人来说是最公平的方式。出钱能得到出钱的好处，出力能得到出力的好处。

可以将经营、劳动转化为股份

我们可以用报酬来衡量劳动，也可以将劳动转化为股份。将合伙人付出的劳动转化为一定数量的股份，等于增加了这位合伙人的投资金额，同样也会增加这位合伙人在公司的权重。而对于不参与经营的合伙人，则减少相应的股权占比，相当于稀释了他的投资金额，也会减小合伙人在公司的权重。

表面上来看，不参与经营的合伙人会因为这种投资金额的稀释而有所损失，实际上这是一种非常科学的股权分配方式。对于不参与经营的股东，一旦公司经营出现了风险，甚至发生了亏损，他们的损失就会更小。

陈燕和小伙伴李玉合伙开了一家服装店。两人各出资20万元，共同经营。可是时间过去大半年了，店里的生意却还是不温不火，只能勉强维持生存。为了扭转局面，陈燕又想开网店。于是他和李玉商量，两人又各出资3万元在各大网站开起了网店。

然而，二人的生意并没有因为他们线上线下的双管齐下而有所好转。反而因为不断往网店砸钱而越陷越深。

渐渐地李玉开始心灰意冷了，她开始不来店里上班，对店里的事也是不闻不问，全靠陈燕一个人打理。终于有一天陈燕的工作出现了纰漏，弄错了客户的一个大订单，需要赔偿客户5万多元。自从李玉做了甩手掌柜，陈燕就一个人风里来雨里去，进货、开店、挖客户都是她自己在做。而在他们的生意出现风险的时候，陈燕想让李玉帮她一把，和她一起承担风险，却遭到了李玉的拒绝。

于是陈燕按照当初的合同，将自己独自承担的劳动转化为股份，并且稀释了李玉的股份。陈燕借钱担下了全部的风险，更加发奋努力经营，并吸纳了另一个合伙人来帮忙。二人同心协力最终把线上、线下的店铺

第九章
合伙创业可能会遇到的奇葩问题速解

都打理得顺风顺水，几年就赚取了不菲的利润。而李玉则因为不作为、不承担风险而被踢出局。

案例中的陈燕是一个很聪明的合伙人，成功应对了店面的危机，也成功化解了合伙人李玉带来的危机。

总体来说，对于只出钱不参与经营的合伙人，一定要慎重对待。通过协议明确双方的权利和义务，确立合伙关系之后，根据公司经营的实际情况来进行利益分配。这样才能避免不必要的纠纷。

合伙人好吃懒做不作为,怎么应对?

在其位谋其政,在其职谋其责。

——佚名

经常听人们说:不怕神一样的对手,就怕猪一样的队友。不要觉得合伙公司就会万众一心,不要觉得在股权激励之下就没有滥竽充数之人,不要觉得重赏之下都是勇夫。

如果没有选对合伙人,上面所说的情况会比比皆是。就像一场噩梦一样,你咬紧牙关,使尽浑身解数,累得想大哭一场的时候,你的合伙人却在悠然自得地喝着咖啡,欣赏着窗外的美景,关键是还和你一样,享受着公司高额的分红。

是不是很生气!可是你需要做的不是抱怨和咆哮,而是亡羊补牢、尽快补救。如果你的合伙人真的没了激情,不好好干,就一定要采取点措施了。

及时沟通

俗话说,沟通是一切问题的天敌,在合伙经营中同样如此。合伙人组成一个团队,团队大了什么样的合伙人都有,不同性格的合伙人产生矛盾也不是没有可能。当合伙人消极怠工的时候,也许他只是因为和其他合伙人意见不合而心中不快,也许是因为他的工作遇到了自己无法解决的问题。多关心,多沟通,解开合伙人的心结,解决合伙人的问题,他就会再次变得积极起来,恢复以往的兴致和激情。

第九章 合伙创业可能会遇到的奇葩问题速解

合伙人之间有感情有合作，凡事多沟通，不要难于启齿，不要难为情。一味地把话闷在心里，一味地忍让都只会让矛盾越来越深，变得更难以解决。

再次申明合同中的权、责、利

除了开导、劝诫那些士气全无、无所作为的合伙人，还可以拿出合约，再次向合伙人申明约定的各方的权、责、利，让他明白违背合约，不履行承诺会受到的惩罚等，同时让他明白做好自己的工作，完成指标会得到的利益，双刃剑双管齐下，再次点燃他们的激情。

帮助与磨合

在一个团队中，同伴遭遇了挫折、遇到了困难，作为风雨同舟的兄弟，理应帮他一把。互帮互助不仅能解决眼前的困难，更能让所有合伙人得到成长、并收获友情。而通过互帮互助，合伙人之间还能实现有效地磨合，让大家更加熟悉起来，建立深厚的感情。

不做事就散伙

如果经过沟通、帮助，合伙人仍然不愿意做事，而整天好吃懒做地享受着合伙人的地位、金钱和荣耀。那这样的合伙人就不用挽留了。公司招募合伙人就是为了齐心协力，筹集人才的智慧和力量来帮助公司取得快速发展。既然合伙人不做事，不为公司贡献自己的智慧和力量，那么留在公司也是"花瓶"一个，还不如趁早散伙，招募新的合伙人来接替。

小军创办了一家少儿培训公司。招生、培训、做活动、扩规模、招聘教练教师、宣传、组织考级等大小事情让他忙得不可开交。他决定找一位合伙人来协助自己，能够分管一定的领域来让他专心做好公司战略等问题。

经过朋友的介绍，小军找到了大学同学的同乡，读过 MBA 的小郑。小军觉得小郑既然读过 MBA ，管理上面应该有一定的才能，于是想都没想就为小郑安排了办公室和职务。

197

小郑倒也没有客气，很快就在小军的公司上任了。但是小郑并没有展示出自己的才能，每天只是打几个电话，签几份合同，剩下的就是看看新闻、聊聊天，真正能为小军分担的少之又少。

小军仍旧心力交瘁，他找小郑谈话沟通，小郑只是口头上应会小军，显然没有把小军的话放在心上，更没有把小军的培训机构放在心上。又过了一段时间，小郑的状态还是没有改观，很快就被小军踢出局。

在上面的案例中，小郑就是一个不作为的合伙人，光有合伙人的豪华头衔，却不做合伙人应该做的事，最后被踢出局。

在很多合伙公司中，不给力的合伙人不只小郑一个。面对这样的合伙人，我们还是要多沟通，尽量弄清楚合伙人为什么会出现这样的状态，尽量解决他们心中的困惑，使其振作起来。若是实在无奈，无法拯救合伙人的工作状态，再选择散伙。

谨慎选择投资合伙人，与有人品、有道德、有志向、好沟通、不惧风险的人合作，能让你一辈子"合伙生财"！

合伙人后台硬、资源多,该怎么与之合作?

对于只是承诺投入短期资源,但不全职参与创业的人,最好的办法是谈项目提成,谈利益交换,一事一议,一把一清,一事一结,而不是通过股权长期深度绑定。

——摘自《商业价值》

都说找合伙人就像找爱人,碰到合适的、称心如意的并非易事。特别是对于创业者,在资源、人脉等都有限的情况下,有人愿意向你伸出援助之手,不管承诺能不能兑现,都足以让人欣喜若狂、头脑发昏。

那么,真的遇到了有后台的、资源多的合伙人,该怎么与之合作呢?下面案例中的林杰就是一个被合伙人强大的资源优势乐得丧失理智的人。

林杰创办了一个服装厂,但创业初期他的资源并不是很多,他很是苦恼。在一次同学聚会上,林杰的一个富二代同学说,可以用父亲的关系,为他疏通上下游的资源。同学的话犹如雪中送炭,林杰是又激动又感动,当即许诺给这位发小 20% 的股权作为回报,并签订了合作协议。

谁知道,酒醒后,这位发小并没有认真兑现承诺,而是一直在敷衍林杰。林杰再一次向发小提起了协议的事。发小说,你给我的 20% 的股权太少了,明显是看不起我,我要再加 5% 的股权。

这下林杰为难了。给还是不给?资源确实诱人,但 25% 的股权还真

199

不是件小事。

很显然，在案例中，林杰发小的资源和后台都是"陷阱"，其实是冲林杰炫耀："我有关系和资源，你的合伙人非我不可。"而林杰也是不假思索地"上钩"了。实际生活中这样的情况不在少数。在资源和关系的诱惑下，很多人都会头脑发热，变得没有思考能力。

案例中的林杰，就是这样，太冲动了！如果他认真对这位同学进行考察，如果他能把签协议这事放在酒后，或许就不会出现这样的情况了。但是面对巨大的资源诱惑，不动心是不可能的，关键是把握好与资源型合伙人的合伙方式。

摆正双方的位置

有人觉得能解燃眉之急的人就是活菩萨，而自己就是有苦有难有求于人的小老百姓，所以得供着菩萨。其实不是这样，站在你对面的合伙人，资源再多，他有的只是资源，而你也不必低人一等，因为你有平台、有智慧，你是这家公司的老板。资源与平台合作，不是谁占了谁的便宜，而是一件互利共赢的好事，不是谁有求于谁，也没有位置的高低。

资源再多，但要能为你所用

有的人手里的确握有不少资源，但这些资源能不能为你所用，能不能为公司创造价值，对方肯不肯真心给你用，这些都是需要认真考察的问题。合伙人的资源再多，但不能为你所用，那就是毫无价值的摆设，这样的合伙人不要也罢。

人品好，要对公司专一

资源是公司发展的一个方面，但是远不及合伙人的人品和素质重要。就算合伙人有再多的资源，人品不好，经常借助自己的职务便利或公司平台谋取私利，那么这样的合伙人对公司来说也不是件好事。有的合伙人甚至会利用公司的资源，发展自己的小天地，赚取额外的利润。他们对公司并不专一，而是墙头草，哪有利益往哪倒，并且不顾公司的利益和损失。面对这样的合伙人，就算他有再多的资源，也要离他远远的。

因此，选择合伙人一定要擦亮眼睛，资源固然重要，但也许这就是个坑，跳进去了，爬上来就难了。除了看资源，还要看目标合伙人的人品，好的合伙人才会把资源贡献出来，为公司创造价值。

小股东合力"造反",该怎么办?

在某些情况下,应该允许小股东拥有足够的话语权或否决权,然而这种权力不应该是无限制的,否则将使公司的大股东在治理公司时面临严重挑战。

——资深企业观察家、管理咨询导师 武帅

通常情况下,公司都是通过股东投票的形式来做出重大决策的,按照投票的占比来决定所议事项是否通过。可以说公司股东投出的每一票都会对公司的发展产生重大影响。而有些小股东在权利的诱惑之下,可能会生出不安分之心,合力"造反"。

特别是对于创业公司,有些创始人为了尽快组建合伙团队,在自身的股权占有绝对优势的情况下,还会拉亲朋好友来入伙助阵。亲朋好友虽然是公司的小股东,但是他们将手中的权利集中起来,也可能会颠倒公司的乾坤。

罗金亮是一个纱厂的创立者,他一手创办了这个纱厂,经过三年的努力经营,纱厂已经有了一定的规模。随着纱厂的业务日益增多,罗金亮自己忙不过来了。

为了尽快找到可靠的合伙人帮自己解忧,罗金亮将自己的亲弟弟带到纱厂并给了他30%的股权,使之成为合伙人。兄弟二人齐心协力,经过两年的努力,纱厂的业绩更好了。

第九章
合伙创业可能会遇到的奇葩问题速解

这一年，罗金亮迎来了一个发展的大好机会。但是罗金亮需要一个专利技术的支撑，这成了他最大的难题。罗金亮委托厂里最聪慧的张毅来研究这项专利的核心技术，答应事成之后给张毅10%的股份使之成为合伙人。张毅果然做到了，罗金亮也兑现了承诺，使得纱厂有了更好的发展。随着纱厂的发展壮大，很快人手又不够用了。于是张毅介绍了自己的三个亲戚来纱厂帮忙，因为他们都是这个行业内有经验的人。经过一段时间的试用期，罗金亮觉得很满意，于是分给张毅这三个亲戚每人5%的股份。

纱厂发展得更好了，而且弟弟与张毅的亲戚张晶产生了恋情，并结婚了。按理说，这是喜事，但却成了罗金亮的灾难。

原来张毅早就起了异心。张毅觉得自己帮助纱厂取得那么大的发展，他才是公司最大的功臣，但只有10%的股份，实在不甘心。于是他鼓动自己的亲戚都站在自己这边，而且罗金亮的弟弟肯定是站在自己媳妇这边的。

就在罗金亮为纱厂上市前后奔走之际，罗金亮被踢出了局，因为其他合伙人都把票投给了张毅。罗金亮就这样被小股东的"反"势打败了。

案例中，小股东合伙造反，而罗金亮就是被"绑架"的受害者。那么，这种情况就不能避免吗？当然可以。

合理的股权结构

合理的股权结构是保证公司创始人控制权的关键，比如华为任正非的"一票否决权"就是一张王牌。合伙公司在设计股权结构的时候，要注意综合考虑各种危急情况，避免创始人失去对公司的控制权。通常情况下，4:3:3或者4:4:2的股权结构会让股东形成三足鼎立之势，这样三方的布局和利益是均衡的。

合理的治理结构

案例中罗金亮之所以会被小股东"绑架"，是因为他的纱厂的治理结构太简单了。因为纱厂没有设立制约部门，从而小股东的气势高涨却没有合理的治理结构去制约，使小股东反客为主。通常情况下，在国内合伙公司的治理结构模式中，应设立股东会、董事会、监事会和经理层。在这种三会一层的治理结构中，公司就能实现有效的监督、控制和约束，保证大股东与核心团队的利益和权力。

合理的治理机制

公司的治理机制包括股东会运作机制、董事会运作机制、监事会运作机制和监管机制。其中，监管机制是很重要的一个方面，包括财务监管、人力资源监管、运营和管理监管、法务监管以及产品技术研发监管等。公司的治理机制应该本着调动公司人员主观能动性的原则去设计，应该能够提升公司的整体治理环境，能够辅助公司治理结构的设计。

无论我们选择谁做合伙人一起创业，在创业初期建立完善的公司治理结构和治理机制，是保证各方利益的基础。谋定而后动，方能把控全局，从容应对小股东的合力"造反"。

合伙经营时，资源断了怎么办？

一个企业90%的资源都是整合进来的。

——蒙牛乳业集团创始人　牛根生

创业资源就像流水一样，源头枯竭，或者中间拦个坝子，水就会断流。谁都喜欢和资源丰富的人合伙，因为大家都明白，在某种程度上资源比资金更重要。然而没有人能预料合伙人的资源会在何时断裂，万一真的断了怎么办？

2015年，魏书还是一个刚刚走出大学象牙塔的小伙子，然而他却有一颗不安分的心，他想自己创业。

带着父母给的50万元的全部积蓄，魏书来到了北京，开始了北漂生活。在这里，魏书看到了追梦人的艰辛的打拼之路，没时间吃早饭，没时间逛街，没时间交朋友……他深深地感受到这些追梦人的生活太苦了，几乎全部献给了工作和事业。于是，他决定创建一个追梦人俱乐部，尽力解决这些人工作之余的事情。

魏书的创意很不错，但是他不知道具体该如何运营一家公司，特别是一家服务型公司。就在他迷茫之际，他的老乡张文出现了。张文已经在北京打拼多年，对这个城市有更深的了解，手中也有一定的资源。魏书和张文计划好前前后后的事情，就开始落实了。

创业初期，二人的公司顺风顺水，同时也接了几个大单，可是正当他们的事业迅猛发展的时候，张文的资源突然不给力了，中断了。没有了这些资源，魏书和张文的事业可谓寸步难行。不仅没有新的订单，而且老客户也很难维系了。魏书的50万元，很快就耗干了，二人无计可施，只好宣布破产。

从上面的案例中，我们可以看到资源的重要性和资源断裂的可怕后果。资源的断流总是让人猝不及防，是无可奈何的事情。我们能做的就是想出应对的方法。

掌握资源

市场风云变幻，谁握有资源，谁就掌握了主动权，谁就有活下去的资本。因此，想尽一切办法把资源掌握在自己手里，这样才能真正拥有能为自己所支配的资源，也才有支配资源的权利。光靠合伙人手里的资源是不可靠的，因为想要利用这些资源就要仰仗合伙人的力量，哪有利用和调配资源的自由可言。因此，自己掌握资源才是最好的。

整合创造资源

为什么初创业者在创业之初会感觉没有头绪，因为他的资源是分散的，不知道该怎样整合利用。的确如此，资源本就是分散的，他们会出现在不同的地方，与不同的事物关联，而且看上去这些资源没有丝毫的抗风险能力和战斗力。然而，整合利用资源，却可以使资源产生 $1+1>2$ 的强大作用。

有了整合资源的能力，即便资源断成了碎片，你依然有能力把碎片拼接在一起，整合出更具优势的资源。

资源互补

俗话说，条条大路通罗马，意思就是我们要多准备一些资源，多开辟几条通路，万一哪一天某条路被堵死了，还可以从其他路上绕过去并抵达成功的彼岸。高明的创业者总是能够让自己手中的资源多元化，能够在一种资源遇到瓶颈的时候用另一种资源来代替，从容应对商战中的

第九章
合伙创业可能会遇到的奇葩问题速解

腥风血雨。

合理的利益机制

要想有效地整合和利用资源,就要有利于资源整合的利益机制。合理的利益机制可以帮助公司把潜在的资源以及提供者都整合到一起,从而借助整合资源的力量来谋求发展。为了建立合理的利益机制,你需要尽可能地了解和自己的利益有关的组织和个人,找出他们与自己利益的关联点,然后建立直接或间接的联系,并不断维系这种联系。

因此,资源断裂并不是多么可怕的事情,可怕的是我们事前无所准备,不知道资源也会断裂,以为一时高枕无忧就会一世高枕无忧。在商战中,未雨绸缪从来都不是令人耻笑的战略,而是最能保证事业稳健发展的秘籍。只有掌握资源、整合资源,你才会拥有用之不竭的资源。

第十章
中国合伙企业的成与败

合伙人制已经不是什么秘密，无论是商海中赫赫有名的大公司，还是竞争激流中拼命挣扎的无名小卒，都愿意选择在合伙的道路上试上一试。成了就会名垂商海，败了也不过是吸取教训东山再起。中国合伙企业的成与败，给我们带来了太多的成功的感召和失败的教训，无论成败，都值得我们深思和学习。

万科：从职业经理人到事业合伙人转变

> 首先要有信任文化，合伙人制度要有"背靠背的信任"。其次是建立协同性，基于利益的一致才有互相支持配合的协同性。有了这些，万科才可以超越短期绩效，向成为健康组织的方向靠拢。
>
> ——前万科董事会主席　郁亮

说到万科，就不得不说当年万科的"焦虑"。这是个有意思的话题，享誉世界的地产大亨还会有焦虑？千万别觉得这是个玩笑，万科的焦虑其实是源于完全不搭边的小米引起的。

从2011年小米发布第一款手机开始，火得一塌糊涂。为人们称道的不仅是小米手机的高品质、低价格，还有雷军"专注、极致、快"的互联网七字诀。小米成了威胁几家业界大佬的最成功的"搅局者"。

2013年，小米大红大紫之时，在一个偶然的机会中，雷军问万科总裁郁亮："你们的房子价格能不能降一半？"就是这个犀利的问题引发了郁亮乃至万科上下的焦虑。可以说，互联网时代已经到来，而万科却还没有准备如何应对，他们担心行业秩序会被打破，担心万科一直秉持的职业经理人模式会被取代，而关键在于万科刚刚意识到这个严重的问题。为此，万科组织了名为"之间"的高管游访项目。从2013年10月到2014年2月，郁亮先后带领万科高管奔赴阿里巴巴、腾讯总部、海尔、小米取经。随着学习的深入，万科对互联网思维有了新的认识：

第十章
中国合伙企业的成与败

我们相信互联网将改变这个世界。

我们也相信善待客户、为客户创造价值是永恒的商业逻辑。互联网带来的变化，只是让我们和客户变得更贴近。这就要求我们更深入地理解客户需求的细节，更迅速地跟随客户需求的变化，而互联网也为我们做到了这一点，并提供了效率更高的工具。

我们相信，性价比在任何时候都是竞争力的核心。而随着产业链透明度的提高，信息不对称的减弱，在未来性价比会变得更加清晰和重要。

我们同意，极致是互联网时代的重要特征，且为有专注才能做到极致。而专业化，正是万科成立以来，一直追求的方向。

我们依然可以看到，中国的城市化还远远未结束。互联网时代的来临固然是世界历史的新篇章，但中国的城市化、现代化，同样是影响全球格局的重大事件。当两个伟大的进程并进之时，我们无须厚此薄彼。

"三十而立"，三十岁的万科还是一家年轻的企业，只是在不知不觉中，我们被贴上了传统行业、传统企业的标签。对此我们无意辩解，因为我们始终相信，衣食住行，是人类基本的需求。在任何一个时代，这些需求不可能消失，而只应得到越来越好的满足。

当新时代的大幕揭开时，传统企业应该做的，不是远离自己熟悉的领域，而是理解新的规则，寻找新的伙伴，运用新的工具，将原有的业务做得更好。

这就是我们的答案。

万科的焦虑有了答案，这就是万科"事业合伙人"制度的萌芽和开端。不仅是柳传志、马云、雷军等企业家对职业经理人的不屑一顾刺激了万科，多年来万科内部职业经理人与股东之间的矛盾和摩擦，也让万科意识到了职业经理人和事业合伙人的区别所在：职业经理人共创、共享，但没有共担；而事业合伙人的原则就是共创、共享、共担。

2014年4月23日,万科召开了合伙人创始大会,正式开始了从职业经理人到事业合伙人的转变。万科的事业合伙人计划是一个开放的计划、一个持续的计划。万科就是通过分享机制、管理机制和发展机制突破了职业经理人的瓶颈,牢牢掌握住自己的命运,并且让发展之路越走越顺。多年来,有众多的万科员工在事业合伙人制度下创造价值并获取利益,今后也会有更多的万科员工在加入到万科的事业合伙人计划中,以使万科永保活力和战斗力。

第十章
中国合伙企业的成与败

华为：以奋斗者为本，共创价值

一个人不管如何努力，永远也赶不上时代的步伐。只有组织起数十人、数百人、数千人一同奋斗，你站在这上面，才摸得到时代的脚。我放弃做专家，而是做组织者。我越来越不懂技术，越来越不懂财务，半懂不懂管理，如果不能充分发挥各路英雄的作用，我将一事无成。

——华为创始人　任正非

在我国，华为的发展绝对可以成为一段神话。它迅速崛起，迅速抢占行业市场，迅速杀向国际市场。进入世界500强后，先上升至第285位，再上升到第228位，最后上升到2017年世界500强的第64位！

而在中国2017年民营企业500强名单中，华为更是拿下了四个第一：营收总额第一！纳税总额第一！税后净利润第一！民企制造业第一！华为总是带给我们惊喜，让国人沸腾。

为什么华为能够做到？因为华为有一群奋斗者，华为以奋斗者为本，华为的事业合伙人制也是在为奋斗者铺路。

华为的员工持股规模可以说是绝无仅有的，而任正非本人却只保留了1.01%的股份。这便是华为赫赫有名的虚拟受限股。

华为的虚拟受限股历经了4个阶段的改革和发展。时至今日，价值分配仍然是华为管理的核心。华为的核心价值观有4句话：以客户为中心，以奋斗者为本，长期艰苦奋斗，坚持自我批判。从这4句话中不难看出，人是华为的核心，人力资源的所有相关工作都是围绕核心价值观展开的,核心价值观是人力资源政策内在一致性的主线。以奋斗者为本就促使了华为的核心价值观和人力资源工作产生了必然联系。

在华为,普通劳动者和奋斗者是能分出三六九等的:

第一类,为普通劳动者,暂时定义为12级及以下为普通劳动者。我们应该按法律相关的报酬条款,保护他们的利益,并根据公司经营情况,给他们稍微好一点的报酬。这是对普通劳动者的关怀。

第二类,一般的奋斗者。我们要允许一部分人不是积极的奋斗者,允许他们向往小家庭的温暖,每天按时回家点上蜡烛吃饭呀,对这种人我们可以给予理解,这也是人的正常需要。

刚好华为就有这样一个小岗位,那他可以在这个位置上,踏踏实实地做好小职员。对于这一部分人,华为有适合他的岗位给他安排。只要他们做出的贡献,大于支付给他们的成本,他们就可以在公司存在。或许他的报酬甚至会比社会上其他企业给予他的报酬稍微高一点。

第三类,就是有成效的奋斗者,他们可以分享公司的剩余价值,我们需要这些人。分享剩余价值的方式,就是给予其奖金与股票。这些人是华为事业的中坚,华为渴望越来越多的人走进这支队伍。

这就是任正非运用的人力资源"热力学第二定律",形成了奋斗者动力的流转。人在富足的时候都会产生惰性,忘记努力而选择享受安逸的生活,但是这种惰性是可以通过人的主观能动性和管理来改变的。华为管理的责任就是专门与这种惰性的滋生作对,用利益分配作为驱动力,从而克制惰性的滋长。

一直以来,华为都坚持"以奋斗者为本"的理念,以责任和贡献作为员工晋升和获得薪酬的标准,也通过公司的平台为员工提供全球化发展平台和与世界对话的机会,这使得华为的员工获得了快速的成长,同时也让华为的员工为华为创造了巨大的价值。大量年轻人有机会进入华为的领导阶层,为华为的未来和自身的未来倍加努力。

　　创业成功是整个团队的事情,是整个企业所有人共同努力的目标。只有大家都能将战斗力发挥到极致,企业才能蒸蒸日上,才能走向更加辉煌的巅峰。以奋斗者为本,为奋斗者铺路搭桥来让奋斗者创造更多的价值,这就是华为的法则。

海尔：企业成为平台，员工成为创客

> 我现在是动态的合伙人制，不管我干得好不好股份都拥有，不是的。如果干得好股份可以保留甚至扩大，如果没有能力再往前推进，就要把钱退给你。这和股市上买股票一样。最后达到的目标是：自创业、自组织、自驱动。
>
> ——海尔集团 CEO 张瑞敏

海尔的成长也可以说是个奇迹，从最初一个几乎破产的电器厂，发展为现在享誉世界的大企业，除了张瑞敏的英明决断，还有他从京瓷稻盛和夫的经营哲学中得到的启示。

稻盛和夫的经营哲学最好的体现就是薪酬制度。即使京瓷的某个阿米巴取得了非常突出的业绩，也可能得不到很多的奖金，而是会得到其他阿米巴伙伴们的赞赏和感谢。阿米巴全员参与经营，是对奋斗者的人心最好的珍视。

从 2005 年到 2014 年，海尔的营收从 1000 亿元增长到 2000 亿元，这 10 年中，海尔持续了 9 年互联网模式的创新变革。人人都是 CEO，人人都是 SBU，市场链流程再造，个人 SBU……2013 年开始，海尔提出"三化"改革，即企业平台化、员工创客化、用户个性化。2015 年 8 月 20 日，海尔集团 CEO 张瑞敏做了题为《海尔的转型——从制造产品的企业转型为孵化创客的平台》的演讲。这次演讲的主题依然是企业平台化和员工创客化，标志着海尔合伙人时代的全面到来。

第十章
中国合伙企业的成与败

企业平台化

张瑞敏认为，随着互联网时代的到来，僵化的金字塔式组织已经不能对企业发展贡献新的力量了，平台反而越发重要，海尔要借助的就是互联网这个平台。如今海尔的组织层级只有三个层面。这三个层面之间，没有谁是领导，他们都是彼此的合伙人。

海尔的合伙人有三类。第一类合伙人是平台主，就是通过这些平台产生创业团队和外部合伙人。第二类合伙人是小微主，也可以说是一个创业团队。第三类是小微，在这一层面，普通员工要变成创客。

员工创客化

如今在海尔，员工已经不再是固定薪水的雇佣者，更不是管理层命令的执行者，而是转变成了海尔的创业者和合伙人。海尔制定了"动态合伙人制"，员工可以入股某一小微企业，也可以投资某一小微企业，有能力员工的可以助力小微上市，业绩不好的则会被淘汰出局。

小微主也就是创业公司的负责人，这类人群可以来自于海尔内部，也可以通过外部竞聘而来。在小微公司中持有一定股份的创业者就是创客，但必须根据海尔的协议规定完成一定的目标值才能兑换自己的股份。可以说，海尔的员工创客化对员工有着强大的激烈作用，同时也为员工提供了公平的优势劣汰竞争机制。

用户个性化

海尔以模块化自选来满足用户个性化需求，从云计算满足网络时代全流程无尺度的个性化需求，也就是用户完全可以随心所欲的个性化的需求，是真正的个性化需求。这就需要海尔对内完全平台化，对外是互联网时代的用户，使互联网上的用户连接在一起。

海尔强劲的业绩增长势头虽然不只是合伙人制的功劳，但合伙人制确实在一定程度上让海尔做出了根本性的改变。合伙人制让海尔集团人人都是创客、人人都是企业的经营者，人人都把个人利益和企业利益紧紧绑在一起。在这种模式下，业绩想不增长都难，并且，合伙人模式还将长期给海尔的飞速发展带来更多的益处。

现代管理学之父彼得·德鲁克曾经明晰了这样一个现象：互联网时代，外包的工作越来越多，合作和联盟成为新的模式。张瑞敏也同样意识到了这一问题，他深深地痛斥大企业病，而是通过划小经营单位来激励员工的企业家精神，让员工与公司的关系从雇佣转为合作。

从海尔的合伙人模式我们可以看出合伙的强大的力量，也需要学习海尔合伙人模式的精华所在。拥有合伙思维，懂得合伙的重要意义，聚集周围的先进力量，让事业离成功更近一步。

美道家：靠外部合伙人完成快速扩张

> 美道家要建立的是一个半闭合的美业互联网平台，建立起完整的美业互联网生态环，美道家新上线的诸多产品都是为了这个宗旨所服务的。
>
> ——美道家创始人　孙云龙

美道家是什么？说小了就是女士们喜欢的一个上门美容服务APP，说大了就是一种生态链合伙人模式，是外部合伙人模式的典范。这就是乔伊法则所说的：最聪明的人永远在企业外部。

那么什么是生态链合伙人？生态链合伙人就是外部合伙人，你的供应商、你的经销商、你的客户、你的投资人、离职的员工，甚至一些资源提供者，都可以是生态链合伙人。

2015年9月，美道家作为互联网+上门美容模式的先驱，进行了外部合伙人的选拔。美道家这次开放了100个城市的合伙人名额。美道家会在每个城市竞选出一个合伙人，作为当地城市美道家运营权的掌控者，坐拥当地的所有客户资源。

这是多么诱人的事情，因为它有着无数的机遇与挑战。然而，成为美道家的外部合伙人并非是人人都有资格的，而是需要一定的门槛和准入条件：

第一，成立省级直营公司，美道家控股51%，省级公司合伙人最多持股49%。

第二，省级公司合伙人必须多倍溢价出资，即美道家 1 元/股，而省级公司合伙人则需要大于 1 元/股的出资。

2017 年 7 月 3 日，在美道家这次外部合伙人"占山为王"大会上，现场引发了众多企业家的追捧，"圈地运动"再次升级。第二次会议当天，二十多个省级最大合作股东全部确定，同时美道家也吸收到了上亿的融资，实现了快速扩张。

无独有偶，2016 年 3 月，万科毛大庆离职，但是他说："虽然不再于万科内部担任管理职务，但我与万科的情谊将永远不会割舍。接下来，我将继续以万科外部合伙人的身份，为营建万科新的生态系统贡献自己的一份力量。"

可见，外部合伙人同样是受到众企业青睐的合伙人模式。为什么美道家会钟情于外部合伙人模式呢？原因很简单——外部合伙人的便利性。

外部合伙人其实就是用股权来进行产业上下游资源的收购与整合。比如对于经销商来说，他们本身并不愿意被别人整合，但是自身又缺乏独立发展的强大实力，同时又不具备整合别人的规模和优势。而上下游资源的整合，则会形成外部合伙人制度，更有助于上下游产业链形成命运共同体。这样大家的利益关联在一起，从而打通了整个产业链资源，减少了上下游产业链的竞争。

在互联网时代，实体经济正在大规模地向互联网经济迁移，实体门店、销售人员、服务人员、顾客正逐步被互联网的销售功能和服务方式所取代。在互联网的大环境下，美道家的服务模式更是受到了外部合伙人的高度认同与赞赏。

刘小鹰先生是第一个将诺基亚引入中国的著名投资人，同时也是老鹰投资基金创始人、德丰杰龙脉基金管理合伙人，他以自身在投资界的敏锐目光如此评价美道家：

第十章
中国合伙企业的成与败

美道家让我深深感受到愿景、气场、模式和服务，美道家用行动一次又一次证明着自己，拿结果说话，我愿意和这样的企业长久共进。

巨邦国际集团总裁郭东，不仅是叱咤风云的商界领袖，更是高瞻远瞩的企业家，还是运筹帷幄的传媒大亨，他如此评价美道家：

很多人问我美道家可不可以做？反正我已经做了，其他的，我不知道。美道家通过互联网推动行业优化进步，真正帮助行业更好发展，所以必须参与。

虞美人董事局主席、中韩整形交流协会会长于文红女士，如此赞誉美道家：

管他三七二十一，我就是相信美道家！它的具体模式我不想了解，具体风险我不知道，我能想到的美道家早都想过了，未来互联网线上美容服务必定是美道家一家独大。

美道家是成功的，特别是它的外部合伙人模式更是让美道家火遍全中国。通过外部合伙人模式，美道家成功整合了全国各地的优势资源，让有能力、有资源、有美好创业愿景的人成为美道家的合伙人，成为美道家的事业伙伴，把美道家的理念和优质服务带给更多的爱美之人，为更多的人带来美的享受。

真功夫：内部合伙人的股权之争

真功夫之所以会发生夺权事件，是因为双巨头不相上下，当一个股东想把控企业的时候，遭到了另一个股东的绝地反击。当初有很多种办法其实可以避免这种结局的，比如签署一致行动人协议，或者将股权设置得略有倾斜，或者设置一个退出机制。

——律师 崔维

真功夫创立于1990年，曾经是中国最大的中式快餐连锁品牌，但是因为内部的股权之争，其发展的速度受到了影响。说起这段股权之争，也可谓惊心动魄。

真功夫的创始人为为潘宇海、蔡达标、潘敏峰三人，潘敏峰是潘宇海的姐姐、蔡达标的妻子，潘宇海占股50%，蔡达标、潘敏峰夫妻二人占股50%。这样的股权结构，从"168蒸品店"到"双种子公司"，最后到"真功夫"，从未发生过变革和调整。直到2006年，蔡达标夫妇离婚，潘敏峰将自己25%的股权给了蔡达标。这样一来，潘宇海和蔡达标二人各持有真功夫50%的股权。

2007年，真功夫在引入风投之后，开始准备上市。真功夫开始了"去家族化"的内部改革，以职业经理人替代原来的部分家族管理人员。而原来的管理人员基本上都是由蔡达标授职授权的，这样一来潘宇海基本上被架空，因此二人的矛盾也开始激化。

第十章
中国合伙企业的成与败

2012年5月25日,蔡达标向真功夫公司发出"关于查阅、复制公司有关资料的函"等函件,要求行使股东的知情权,但遭到了真功夫的拒绝。于是,蔡达标向广州市天河区法院提起诉讼,请求维护自己的合法权益。而这一次,法院一审支持了蔡达标的大部分请求。

然后真功夫又提出上诉。2013年12月12日,蔡达标因犯职务侵占罪和挪用资金罪,被判处有期徒刑14年。2014年5月6日,广州中院对这一案件进行了改判:真功夫公司于判决生效后10日内,将2011年3月17日至2013年7月18日的会计账簿提供给蔡达标委托代理人及会计专业人员查阅,同时也将此期间的董事会会议决议、监事报告、财务会计报告提供给蔡达标委托的代理人查阅、复制,驳回了蔡达标的其他诉讼请求,即其要求行使的是股东知情权而非董事权利。

所谓一山不容二虎,真功夫的悲剧就在于两个股东的股权相当。任何一个人想独自把控公司,都会遭到另一个人的反对和抗争。归根到底,还是因为真功夫的股权结构不合理。如果从一开始,蔡达标和潘宇海就不存在这种同股不同权的格局,有一个人做了公司的老大,牢牢地把握了公司的控制权,真功夫或许就会按照2007年时的计划顺利发展下去:上市,超越麦当劳,超越肯德基,做中国最大的快餐连锁品牌。

可是天不遂人愿!

面对真功夫这场内部合伙人股权之争,我们唯有从中吸取教训,做好股权结构设计,避免这样的悲剧发生在我们身上。

好的股权设计就是要明确合伙人的权、责、利。合伙人讲感情、讲情怀固然重要,但最终还是要实现实际的利益,而对合伙人利益和价值的体现就是股权和股比。设计好股权结构,就会避免合伙人之间因为权、责、利而产生纠纷,这样更能够促进创业公司的稳定发展。

另外,好的股权结构可以明确公司的控制权,合伙人之间不会再因为争夺公司的控制权而消耗大部分的精力和心思。老大就是老大,其他人就要服从老大的带领。这样，公司会是一派井然有序、战斗力十足的景象。这种良好的秩序也会得到投资方的赏识，他们会更关注公司的产品和发展。如果投资方看到的是真功夫混乱不堪的内斗，想必再有钱也不愿意投给这样的公司。

真功夫内部合伙人的股权之争，不仅造成了蔡达标的铿铛入狱，而且也使真功夫的IPO（首次公开募股）计划泡汤。好的股权结构设计是创业项目IPO的重要条件和指标，如果这一指标不合格，上市计划几乎不可能实现。

所以，做好公司的股权结构设计，就是你好我好公司好的事情，是保证公司平稳顺利发展的基础和关键。

西少爷：创业模式错选导致的散伙

> 最大的问题是大家对愿景没有达成共识，因为商业本身面对不确定性的挑战，一旦团队里的人对公司未来的愿景没有达成共识，就会产生矛盾。
>
> ——财经作家　吴晓波点评

靠做肉夹馍生意轰轰烈烈起家的西少爷，昙花一现般地散伙了！这样快的转折让很多人吃惊，但更想让人一探究竟。

西少爷的诞生要归功于一篇帖子和三个"码农"。

突然有一天，网上一篇帖子火了——《我为什么要辞职去卖肉夹馍》。这篇帖子的作者是西安某高校的高材生，他毕业后轻易进入了北京的一家互联网公司，成为了高薪的北漂"码农"。就在很多人都羡慕他有这样一份高薪的工作时，他面对北京不可思议的生活陷入了迷茫，但是他很清楚这不是自己想要的生活。他看了女友推荐的电影《寿司之神》，被主角的事迹深深打动，同时也找到了自己的目标——创造一个自己的品牌。

实际上，西少爷的创始人有三位"码农"——宋鑫、孟兵、罗高景。在创立西少爷肉夹馍之前，三人曾创立了奇点兄弟，这是一个计算机科技公司。公司创立以后，经营上并不是那么顺利，而是需要借助外包服务才能维持运营。

2013年冬天，宋鑫学习了西安肉夹馍手艺，并于2014年4月在北京五道口开了第一家肉夹馍店。三位创始人都是网络达人，他们懂得如何利用网络渠道进行宣传。在各种力量的支持下，三位"码农"的肉夹馍店也一炮走红，10平米的小店创下了100天卖出20万个肉夹馍的记录。

西少爷的成绩引起了各大媒体的关注，也吸引了投资者的眼光。短短一个月，西少爷吸纳的投资金额多达约1个亿。2014年7月，西少爷完成了全流程标准化体系；同年8月，西少爷开始了连锁之路，同年9月，西少爷第二分店入住中关村购物中心，再创销量辉煌。同年11月，西少爷卖出了约100万个肉夹馍。

就在西少爷的业绩一路飙升的时候，内部矛盾出现了。现时任CEO的孟兵开始追究朋友及众筹的投资款和分红。几个回合的斗智斗勇，除了让三个"码农"伤了和气、伤了感情之外，也让局外人看出了西少爷在运作和融资过程中存在的问题：公司运营不规范的地方太多。西少爷的财务状况一片混乱，很多人投了钱但是没有投资合同，因此，什么时候投了钱、分到了多少股份谁也说不清楚，这种情况对西少爷来说既糟糕又致命。

另外，三人意见和价值观的分歧导致他们之间的争吵不断、矛盾加深。宋鑫首先被踢出局。在西少爷刚刚被估值2000万元的时候，三人就因为这个"天文数字"的利益而开始勾心斗角、尔虞我诈。财务流程的不规范更是让这个轰轰烈烈的西少爷加快了灭亡。

因为西少爷没有严格的财务流程，致使投资人的投资款直接进了孟兵的个人账户，而且一直没有转到公司账号，这给验资报告的出具和工商变更制造了困难，投资人也无法实现股东的转变。

就这样，几个曾经信誓旦旦、志同道合的朋友分崩离析了。他们创造了灿烂的开局却没有走到圆满的终点，可悲可叹。

由此可见，创业模式的选择对于企业的命运来说生死攸关。选对了创业模式，公司发展才能够顺风顺水。

第十章
中国合伙企业的成与败

泡面吧：都是"宫斗"惹的祸

合伙人的重要性超过了商业模式和行业选择，比你是否处于风口上更重要。

——新东方、"真格"天使投资基金创始人　徐小平点评

合伙人制度并不只是我们茶余饭后的谈资。对合伙公司来说，合伙人制度就是公司运作的依据和原则。因此，合伙人制度不应该只是一种口头约定或者口头上的称谓，更应该形成白纸黑字的法律文件。泡面吧的"宫斗"就是缺少成文的合伙人制度惹的祸。

2013年，俞昊然被身边的人称为"科技神通"，他成功写出了泡面吧的原始代码，并与好友王冲和严霁玥共同创立了众学致一网络科技（北京）有限责任公司。俞昊然全面负责技术，王冲负责融资，严霁玥负责公司的运营，三人便组成了公司的核心团队。三人的股份份额分别为：王冲65%，俞昊然25%，严霁玥10%。

王冲说，公司需要有投资人一股独大，这很正常，因此他就暂时成为第一大股东。而俞昊然的说法则与王冲不一致，他说在引进天使投资之前，他与王冲口头约定，为满足天使投资人的要求，王冲暂时为最大股东，等天使投资入账后，两人的股权结构再对调。然后，王冲和俞昊然之间没有形成任何正式的书面协议。

经过三人的努力，泡面吧的发展十分迅速。公司创办不足3年，用

户已经超过 2400 万，且日益暴增。泡面吧的 A 轮融资就收到了多家投资机构的风险投资协议书，此时公司的估值已经接近 1 亿元人民币。

俞昊然在美国留学读书，同时编写泡面吧代码，他对王冲很是信任。随着王冲在国内活动的日益频繁，他开始以公司创始人的形象出现在各媒体平台上，渐渐的俞昊然感觉自己的地位受到了威胁。并且俞昊然发现在合伙人协议中，自己的简历被放在了后面，而王冲的简历则放在了他的简历之前。俞昊然感觉自己的老大地位正在被剥夺。

俞昊然敏感地察觉到了异常，并对王冲产生怀疑。终于三人因为股权比例和谁是老大的问题进行了激烈的争执。2014 年 6 月 17 日，俞昊然对其他两位合伙人宣布他删掉了泡面吧的网站代码，自己保存了副本；并且他写了给全体员工和投资人的信，他将说出真相。同时俞昊然向其他合伙人开出了谈判条件：1. 回美国完成学业；2. 做 CEO；3. 做大股东。但是谈判未果。王冲和严霁玥离开泡面吧，同时泡面吧的 A 轮融资以失败结束。

2014 年 7 月 1 日，俞昊然和项目团队被严霁玥从原来的 QQ 用户群踢出来，这等于是将俞昊然和项目团队踢出了泡面吧的主渠道。而俞昊然也开始了反击，在官网声明正式开除王冲和严霁玥。

显然，俞昊然没有选对合伙人，同时他的合伙人制度也存在很大的漏洞，才导致"桃园结义"最终变成"反目成仇"的悲剧。但是反观泡面吧的"宫斗"，我们也可以得到一些教训。

俞昊然犯了一个致命的错误。作为公司的创始人他不该兼职，不仅是创始人，其他合伙人也尽量不要使用兼职人员。而且公司的股权结构非常不合理，俞昊然作为创始人却只占有 25% 的股份，从股权占比上来说，俞昊然的老大地位很难保证。

最为关键的是，泡面吧合伙人之间缺少具有法律效应的书面协议，也就是没有白纸黑字的合伙人制度的约束。没有规则的约束，泡面吧出现混乱的"宫斗"场面也就不足为奇了。

俏江南：如何丢了控制权

> 无论什么样的情况，对赌协议本身是双方协商的。不是 PE 强加的，签订时企业应认真地思考。PE 也有责任告知其可能存在的风险。根据以往经验，尤其在对赌协议的业绩赔偿公式、上市时间、竞业限制等方面要格外留心。
>
> ——投资人点评

在商海发展的历史上，"养大了孩子，叫别人爹"的情况时有发生。原因就是创始人失掉了对公司的控制权，辛辛苦苦创下的业绩为他人做了嫁衣。失去对公司的控制权就等于失去了公司，是所有创始人都不愿看到的事情。俏江南的张兰被董事会踢出局，失去对公司的控制权就是一个很典型的案例。

俏江南如何创立，又有了怎样的业绩，我们不必多说了。我们应该说说张兰的梦想：把俏江南打造成"餐饮业中的LV"。这一点不难看出，从俏江南单店成本 1000 万的巨大投入上可见一斑。张兰的梦想是个奢侈的梦想，单店需要三四年才能收回成本，俏江南面对着巨大的资金压力。

为了解决资金问题，2008 年，张兰引入了外部投资——鼎晖投资。当时，鼎晖投资出资 2 亿元人民币，持有俏江南 10.53% 的股份。按照当时俏江南注册资金 1400 万，估值 19 亿元来说，这次引入投行是一笔划算的买卖。但是鼎晖投资也有自己的小算盘，它要求俏江南在 2012 年之前上市，如果 2012 年俏江南不能上市，张兰就必须高价回购鼎晖手中的股份。

2011 年 3 月，俏江南开启了国内的 A 股上市计划，但证监会当时停止了餐饮业的上市，俏江南的上市计划成了泡影。

2012 年 2 月，张兰又把上市计划转向了香港。她为了享受 10% 的个税优惠，张兰冒险移民加勒比岛国。然而，就在上市前期，张兰移民的消息暴露了，香港证监会也没有通过俏江南的上市计划。

2012 年 12 月，市场环境骤变，高端餐饮行业业绩日趋下滑，俏江南也难逃厄运。

2014 年 4 月，张兰迫于与鼎晖投资的对赌协议，以 3 亿美元的价格将俏江南的股份出售给欧洲最大的私募基金 CVC，至此，鼎晖全面解套，张兰也失掉了对公司的控制权。

从整个事件来看，似乎张兰自与鼎晖对赌之后，就一直在交厄运。然而，张兰引入资金不当才是整个悲剧的根源。

创始人在引进投资时，无论采用怎样的方式引进新的股东，最忌讳的都是一次性将自己的股权稀释较多，让自己成为小股东。同时引进股东也要对股东进入的目的进行详细的调查，股东进入是要参与经营，还是仅仅作为战略投资者或者财务投资者，明确股东进入的目的，我们才能做好应对。另外，要避免一次引进多个互相熟悉的股东，他们之间可能会联合起来架空原始股东。

但是，最为关键的还是创始人要通过合理的合伙人制度设计和股权结构设计来保持自己的控制权。只有你是老大，才有别人无法撼动的地位和权力，公司就不会跑到别人手里去。